Birgit Haus

Lieben ohne Leiden

BIRGIT HAUS

Lieben ohne Leiden

Wie du zu tiefer Verbindung mit dir selbst und einer erfüllten Partnerschaft findest

GOLDEGG

Umschlaggestaltung: Kathrin Steigerwald, Hamburg
Umschlag Bildrechte: Adobe Stock/Shalyapina (Hand), Adobe Stock/cat_arch_angel (Libelle)
Rechte Autorenfoto: Sabine Schwierz

Der Verlag und seine Autorin sind für Reaktionen, Hinweise oder Meinungen dankbar. Bitte wenden Sie sich diesbezüglich an verlag@goldegg-verlag.com.

Der Goldegg Verlag achtet bei seinen Büchern und Magazinen auf nachhaltiges Produzieren. Goldegg-Bücher sind umweltfreundlich produziert und orientieren sich in Materialien, Herstellungsorten, Arbeitsbedingungen und Produktionsformen an den Bedürfnissen von Gesellschaft und Umwelt.

Disclaimer

Dieses Buch ersetzt keine Psychotherapie und keinen Arztbesuch. Der Verlag und die Autorin übernehmen keine Haftung für mögliche nachteilige Effekte. Die Lektüre des Buches und die Anwendung der Übungen unterliegen der vollständigen Eigenverantwortung.

ISBN: 978-3-99060-346-8

Unter den Linden 21 • D-10117 Berlin
Telefon: +49 800 505 43 76-0

Goldegg Verlag GmbH, Österreich
Mommsengasse 4/2 • A-1040 Wien
Telefon: +43 1 505 43 76-0

E-Mail: office@goldegg-verlag.com
www.goldegg-verlag.com

Layout, Satz und Herstellung: Goldegg Verlag GmbH, Wien
Printed in the EU

Für dich.
Zur Heilung deiner Liebeswunden

Inhaltsverzeichnis

Einleitung: Lieben ohne Leiden

Lieben ohne Leiden wollen wir alle. Vielleicht gibt es heute deshalb so viele Singlehaushalte wie nie zuvor. Aber Vermeidung von Beziehung ist nicht die Lösung. Wir Menschen sind Beziehungswesen. Wir brauchen Verbindung und suchen auch immer bewusst oder unbewusst danach. Deshalb soll dir dieses Buch helfen, einen Weg zu finden, wie es endlich gelingen kann, in einer Beziehung zu lieben, ohne zu leiden.

Lieben ohne Leiden ist der Übergang von der Dunkelheit zum Licht. Es ist ein Weg, für den wir uns entscheiden können. Solange wir in der Liebe, in unseren Partnerschaften leiden, haben wir kein Bewusstsein über das, was zwischen uns Liebenden passiert. Wir haben unbewusste Erwartungen an den anderen. Der andere soll uns geben, was wir brauchen. Aber wir sagen es ihm oder ihr nicht, weil wir es ihm schon so oft gesagt haben. Oder wir wissen selbst nicht so genau, was wir wirklich brauchen, gehen aber davon aus, dass unser Gegenüber es spüren müsste.

Liebe wird daher oft missverstanden als ein Ort der Erwartungserfüllung. Das hat jedoch nichts mit echter Liebe zu tun. Echte Liebe ist eine sehende Liebe. Ich suche tastend nach dem anderen, möchte ergründen, wer er oder sie wirklich ist. Sich gegenseitig zu erkennen, knüpft ein Band der Liebe, das nicht austauschbar ist.

Um heil zu werden, müssen wir zu den Wurzeln unserer Biografie hinabsteigen in unsere Kindheit. Dort haben wir die Muster der Liebe verinnerlicht, mit denen wir später verzweifelt versuchen, glückliche Liebesbeziehungen zu gestalten.

Aber wie soll das gehen, wenn meine Kindheit möglicherweise geprägt war von Nicht-gesehen-Werden? Wie soll das gehen, wenn in meiner Familie nicht über Gefühle gesprochen wurde? Wenn die Eltern sich immer nur gestritten haben? Wenn der Vater eine Geliebte hatte und die Mutter ihren Kummer in Alkohol ertränkt hat? Wenn der Vater gestorben ist und die Mutter in eine Depression verfiel? Wenn die Mutter davongelaufen ist, weil der Vater nach der Arbeit immer nur stumpf mit der Bierflasche vor dem Fernseher saß? Oder wenn sie nach der Scheidung die meiste Zeit weg war, um Geld zu verdienen und ich allein zu Hause zurechtkommen musste, ohne dass sich jemand um mich kümmerte? Oder wenn ich Gewalt erlebt habe, sei es, dass sich die Eltern geschlagen haben, oder sei es, dass wir Kinder geschlagen wurden?

Die Liste der möglichen Entbehrungen und schmerzlichen Erfahrungen in unserer Kindheit ließe sich unendlich fortsetzen. Im Erwachsenenalter haben wir diese Erlebnisse sehr oft in der Tiefe unseres Gedächtnisses vergraben. Ohne es zu merken, geht aber eine unbewusst steuernde Macht davon aus. Denn alles, was wir erlebt haben, hat in unserem Gehirn Spuren in Form von Verschaltungen von Nervenzellen hinterlassen. Das führt dazu, dass wir als Erwachsene unser Leben wie durch eine Brille betrachten. Und solange uns das nicht bewusst ist, wird das Gehirn Situationen durch diesen Filter einschätzen und uns sagen, ob wir in Gefahr oder in Sicherheit sind. Das kann zu vielen »Fehlinterpretationen« von Realitäten führen und dazu, dass wir im erwachsenen Leben in bestimmten Situationen Gefahren sehen, die gar nicht mehr da sind. Nur durch die alte Brille der Kindheit erscheinen sie uns gefährlich, obwohl sie das nicht sind.

In Partnerschaften kommt es dadurch häufig zu sogenannten unbewussten Reinszenierungen unserer Kindheit. Der Partner oder die Partnerin sieht dann auf einmal durch die Brille unserer Kindheit aus wie unsere Mutter oder unser Vater. Und wir selbst verhalten uns dann wie das Kind von einst.

Erst in unseren Liebesbeziehungen wachen wir auf. Die körperliche Intimität zwischen zwei Menschen scheint ein wichtiger Trigger zu sein für unsere zartesten Gefühle. So wie das Kind an der Brust beim Stillen mit der Mutter in einer nährenden Einheit verschmilzt, suchen wir oft unbewusst in der Sexualität diese stärkende Quelle beim Partner oder der Partnerin.

Da wir als Erwachsene aber nicht nur nach symbiotischer Einheit suchen, sondern auch Einzelwesen sind, die nach Autonomie streben, braucht es ein Bewusstsein, das lernt, mit diesem Gegensatz umzugehen. Und das gilt es nicht nur bei uns selbst zu erkennen, sondern auch dem Partner zuzugestehen.

Was macht den Unterschied zwischen leidvollem Lieben und Lieben ohne Leiden? Lieben ohne Leiden, kurz LoL, ist die Frucht eines Reifeprozesses zweier Menschen, die bereit sind, miteinander zu wachsen. Wenn wir die Partnerschaft als einen Selbstbedienungsladen verstehen, in dem wir uns nehmen können, was wir wollen, machen wir den anderen zu einem Objekt. Das kann eine Zeit lang gut gehen, solange das »Objekt schläft«. In dem Moment, in dem es erwacht, wird es sich wehren. Dann fangen Konflikte an. Um diese klären zu können, braucht es wiederum die Liebe. Verstehen wir die Liebe als das wechselseitige Bemühen, den anderen zu erkennen, was er oder sie wirklich ist, werden wir miteinander wachsen. Und solange wir miteinander wachsen, macht eine Beziehung Sinn. Dann gibt es auf beiden Seiten

Entwicklung. Und da, wo Entwicklung ist, ist auch Gesundheit. Wenn wir nicht mehr miteinander wachsen können, sollten wir uns die Frage stellen, ob wir uns besser trennen. Aber eine Trennung macht auch nur dann Sinn, wenn wir sie aus einer tiefen Ruhe und Klarheit vollziehen und sie eindeutig mit einem Gefühl der Befreiung einhergeht. Dann besitzen wir auch die Kraft, unser Leben allein zu meistern, und fühlen uns allein vollständiger als zu zweit.

Ansonsten bleiben wir besser in der Beziehung. Denn in einer schwierigen Beziehung sind wir herausgefordert, uns mit unseren unterschiedlichen Bedürfnissen auseinanderzusetzen. Dadurch können wir zu einem selbstbestimmteren Individuum heranwachsen. Außerdem lernen wir so, Individualität und Beziehung besser miteinander zu vereinen. Denn biologisch sind wir dazu angelegt, uns zu verbinden. Gelingende Partnerschaft ist in meinem Verständnis ein gesundes Wechselspiel zwischen Autonomie und Bezogenheit. Wenn sich beide Partner als Individuen innerhalb der Partnerschaft und im Leben als Ganzem hervorbringen als das, was sie wirklich sind, steht dem Gelingen der Liebe nichts mehr im Weg.

Solange wir aber den anderen für unser Glück und unsere Entfaltung verantwortlich machen, indem wir Erwartungen von Zuwendung, Gesehenwerden, Förderung oder Ähnlichem auf ihn projizieren, nehmen wir eine kindliche Position ein, die nur dazu geeignet ist, vertraute Muster der Kindheit zu wiederholen.

Warum leiden wir?

Wer liebt, fühlt sich meist auch geliebt und lebt in der Fülle. Wer sich nicht geliebt fühlt, lebt im Mangel und erfährt in der Regel sehr viel Leid in der Liebe. Wie unsere Startbedingungen in unserem Leben sind, ist von maßgeblicher Bedeutung für die Entwicklung unserer Liebesbeziehungen. Daher haben wir zunächst im Leben keine freie Wahl, zu lieben oder nicht zu lieben.

Keine Spezies braucht im Leben so lange wie der Mensch, um ein eigenständiges Leben führen zu können. Der vielseitige Schweizer Forscher Adolf Portmann spricht von einer »physiologischen Frühgeburt«[1] unserer Gattung. Zum Zeitpunkt unserer Geburt ist unser Gehirn in seiner Entwicklung noch nicht vollendet. Unser Magen-Darm-Trakt muss erst lernen, Nahrung zu verdauen. Wir können uns noch nicht so verständigen, dass wir sicher sein können, dass verstanden wird, was wir brauchen. Und von der emotionalen Zuwendung unserer Mutter (und anderen Bezugspersonen) sind wir komplett abhängig. Ohne ihre körperliche Nähe, Zärtlichkeit, Wärme und Geborgenheit würden wir vereinsamen und seelisch verhungern. Unsere größte Angst ist es, zu lange von ihr getrennt zu werden, was wir allerdings noch nicht mitteilen können. Im Extremfall sind wir sogar gefährdet zu sterben, wie es Versuche in der Vergangenheit gezeigt haben. In einer milderen Variante der Anpassung an den Mangel geraten wir in eine Art Überlebensmodus, der unser Gehirn darauf einstimmt, alles zu tun, um unser Überleben zu sichern. Der stärkste Motor darin ist unsere Verlustangst. Das ist deshalb wichtig zu wissen, weil Sigmund Freud schon erkannte, dass hinter vielen psychischen und physischen Symptomen Angst steckt. Daher ist die Heilung unserer Liebeswunden immer gleichzeitig auch die beste Gesundheitsprophylaxe. Dadurch entsteht im Inneren ein wachsendes

Gefühl von Sicherheit, was das Fließgleichgewicht unserer selbstregulativen Prozesse im Körper steuert.

Permanente Angst hingegen versetzt das Gehirn in einen Alarmzustand, der uns durch die kontinuierliche Bereitstellung von Stresshormonen in einen »Überlebensmodus« versetzt. Durch die Überforderung unseres Nervensystems mit der Überdosierung von Stresshormonen entstehen auf Dauer zunächst Symptome wie ständige Alarmbereitschaft, Schreckhaftigkeit, Dissoziation, Unerreichbarkeit, Schlafstörungen, Depression, Scham- und Schuldgefühle und vieles andere mehr. Auf lange Sicht können aus diesen Symptomen sogar verschiedenste Autoimmunerkrankungen entstehen.

Allerdings ist das mit der Heilung der Liebeswunden oft gar nicht so einfach, weil wir uns ihrer häufig nicht bewusst sind. Ich habe schon viele Menschen in der Therapie erlebt, die sagten, dass sie wirklich eine schöne Kindheit gehabt hätten. Nur in der Partnerschaft hätten sie Probleme. Dabei werden viele Trennungssituationen zwischen Mutter und Kind unterschätzt, die zu einem elementaren Vertrauensverlust in Beziehungen generell führen. Das führt zu einer erhöhten Skepsis gegenüber anderen Menschen, was eine chronische Belastung in der Beziehung darstellt.

Wir suchen die Ursachen für unseren Liebesschmerz viel wahrscheinlicher in den scheinbaren Defiziten des anderen als bei uns selbst. Wenn nur der andere sich verändern würde, glauben wir, wäre das Problem überwunden.

Deshalb suchen viele Menschen unbewusst in ihren Liebesbeziehungen den Halt, die Versorgung, den Körperkontakt, die Geborgenheit, die Zuwendung, das Verständnis und all das, was ihnen am Anfang des Lebens gefehlt hat. Unterschwellig haben wir die Erwartung, dass uns der andere das geben müsste, was wir brauchen, wenn er oder sie uns liebt. Aber woher soll der andere wissen, was wir brauchen? Und was braucht der andere, um sich von uns geliebt zu fühlen? Aus unterschiedlichen wechselseitigen Erwartungen einerseits und realen Erfahrungen mit der Liebe andererseits entstehen enorm viele Verstrickungen in unseren Partnerschaften.

Daher will ich dich mit der Lektüre meines Buches dabei unterstützen, dir deiner eigenen verborgenen »Strickmuster der Liebe« bewusst zu werden. Denn erst wenn wir uns bewusst werden, wie wir einst geliebt oder vernachlässigt wurden und wie wir uns heute infolgedessen selbst lieben oder nicht lieben, können wir lernen, mit uns selbst und unseren Liebsten anders und vor allem liebevoller umzugehen. Dann hast du alle Chancen, aufzuwachen und zu erkennen, in welchem Liebesdilemma du in deinem Leben steckst. Das zu erkennen, ist der erste notwendige Schritt, um deine Liebeswunden langfristig zu heilen. Und die Lösung liegt in dir selbst. Die Anteile in dir, die sich von der Liebe getrennt fühlen, können wir zusammen aufspüren und mit deinem erwachsenen Ich verbinden. Und wann immer in deinem Inneren neue Verbindungen zwischen isolierten Persönlichkeitsanteilen, sogenannten *Teilpersönlichkeiten,* und deinem Ich-Bewusstsein entstehen, können alte Wunden heilen. Das ist der Weg, wie wir mehr Sicherheit in uns entwickeln können. Gleichzeitig werden wir unabhängiger von der Zuwendung von anderen.

Der Weg, den ich dir mit meinem Buch anbiete, ist ein bisschen anders, als du ihn vielleicht aus den übrigen Ratgebern kennst. Ich habe viele Klientinnen und Seminarteilnehmer sagen hören, dass sie schon unzählige Bücher gelesen hätten, sich aber trotzdem in ihrem Leben nichts verändert hätte. Daher versuche ich, dich durch meine Fallbeispiele die Prozesse meiner Klienten miterleben zu lassen. Auf diese Weise kannst du wie in einem guten Film mitverfolgen, welche Gefühle und Nöte die Hauptdarstellerinnen durchleben. Du wirst ihre Einsamkeit und Hilflosigkeit im Umgang mit ihren (Beziehungs-)Schwierigkeiten kennenlernen. Und das

Wichtigste: Du kannst miterleben, wie sie lernen, sich von belastenden Erfahrungen zu befreien. Dabei spielt der Ausdruck von starken Gefühlen ebenso eine wichtige Rolle wie der Aufbau einer Beziehung zum Inneren Kind. Neben den Beispielen findest du aber auch konkrete Anleitungen, wie du selbst eine Beziehung zu deinem eigenen Inneren Kind aufbauen kannst.

Das ist das Geheimnis des Erfolges meiner Arbeit. Denn egal wie hoffnungslos dir deine aktuelle Situation erscheinen mag oder du deine Kindheit erlebt hast, der Schlüssel zur Heilung unserer seelischen Wunden liegt im Hier und Jetzt. Wenn du dich jetzt entscheidest, dir selbst mehr liebevolle Aufmerksamkeit zu schenken, kannst du alles ändern. Und auch der Mut, Veränderungen im Leben zu wagen, ist abhängig von der Stärke der Wurzeln, die wir in uns selbst entwickelt haben. Erst ein klares Ja zu dir schafft eine tragende Voraussetzung für ein Ja zu einem anderen Menschen. Oder dieses Ja zu dir kann auch die Voraussetzung für ein klares Nein zu einem anderen werden.

Über den Umgang mit diesem Buch

Da du dieses Buch in deinen Händen hältst, vermute ich, dass du in der Liebe nicht so glücklich bist, wie du dir das wünschst. Vielleicht hängst du in einer alten Beziehung innerlich fest oder leidest darunter, erst gar nicht in einer Beziehung anzukommen. Dann bist du bereits auf dem richtigen Weg. Dir ist bewusst, dass Veränderung ansteht, um mehr Zufriedenheit und Glück in dein Leben zu holen. Dieses Buch kann dir dabei ein hilfreicher Begleiter sein.

Meine therapeutische Erfahrung zeigt, dass die Verbesserung der Beziehung zu uns selbst der wichtigste Schlüssel zur Verbesserung aller Beziehungen zu unseren Mitmenschen ist, wobei die Partnerschaft dabei die größte Rolle spielt. Um aus meinem Buch den bestmöglichen Nutzen zu ziehen, empfehle ich dir die Anschaffung folgender Dinge:

- Ein kleines Tagebuch, das du überall hin mitnehmen kannst, um dir Notizen zu deinem eigenen Prozess zu machen
- Wachsmalkreiden zum Malen
- Einen Zeichenblock in der Größe DIN A3
- Diktier- oder Sprachmemo-Funktion auf deinem Smartphone. Dann kannst du dir die Übungen selbst aufsprechen. Oder du zeichnest die Dialoge mit deinem Partner auf und hörst sie später noch einmal an. Das stärkt dein Ich und beschleunigt den Prozess deiner Bewusstwerdung.

Mein Buch ist kein klassischer Ratgeber, der dir ein paar Tipps gibt, so wie ein Kochbuch dir Rezepte vorschlägt. Du wirst hier Anleitungen finden, wie du dich selbst besser kennenlernen und verstehen kannst. Auch findest du Antworten darauf, warum sich bestimmte Probleme mit unterschiedlichen Bezugspersonen wiederholen. Anhand der verschiedenen Beispiele aus meiner Praxis – allen voran die Geschichte von Claudia und Stefan, die sich durch das Buch zieht, – wird es dir leichtfallen zu erkennen, wie du die Theorie in die Praxis umsetzen kannst. Sie zeigen, wie Menschen durch mehr Nähe zu sich selbst ihre Beziehungskonflikte überwinden. Die vorgeschlagenen Übungen helfen dir dabei, deinen ganz persönlichen Weg zu mehr Glück in der Liebe zu gehen.

Das Wichtigste ist, dass du lernst, eine liebevolle Beziehung zu dir selbst aufzubauen. Wenn du das geschafft hast, dann hast du die beste Voraussetzung für eine erfüllende Partnerschaft entwickelt.

Solltest du bei der Lektüre über inhaltliche Wiederholungen stolpern, dann sieh diese Aussagen als Betonung ihrer Bedeutung an. Wiederholungen dienen der Vertiefung. Denn ebenso wie die Prägungen unserer Kindheit durch viele Wiederholungen ein und desselben entstanden sind, ist es meine Absicht, das neue Verständnis für ein *Lieben ohne Leiden* in dir nicht nur zu wecken, sondern auch zu festigen.

Bevor wir richtig in unser Thema einsteigen, lade ich dich zu einer ersten kleinen Imaginationsübung ein. Das ist ein elementares Werkzeug in meinem therapeutischen Alltag. Ähnlich wie wir nachts träumen, können wir tagsüber aktiv »Tagträume« fantasieren – genau das ist hier mit Imagination gemeint.

In der Paartherapie setze ich die Imagination ebenso ein wie in der Einzelarbeit und in Seminaren. Das Reizvolle daran ist, dass Paare, die glauben, sich bereits gut zu kennen, über solche Imaginationen doch noch Neues über ihren Partner oder die Partnerin erfahren können. Tatsächlich finden sie darüber auch Lösungswege, zu denen sie über ein aktives Nachdenken nicht gekommen wären.

Wenn du also Lust hast, etwas Neues über dich selbst herauszufinden, dann mach doch einfach ein Experiment, bevor wir uns auf unsere gemeinsame Reise ins Land von *Lieben ohne Leiden* begeben.

Solltest du in einer Beziehung leben, könnt ihr das Experiment auch gleich zusammen machen. Ansonsten allein, lies dir dafür einfach die nachfolgende Anleitung einmal durch und finde einen für dich stimmigen Weg, dir die einzelnen Übungsschritte nacheinander vorzustellen.

Der Sinn der Übung ist es, unser Unbewusstes in Bilder hineinzuprojizieren, vor allem im Hinblick auf das Thema Beziehung und Vertrauen.

Übung: Die Libelle auf der Hand

Schau dir in Ruhe das Cover des Buches an. Lass dich einfach berühren von der Libelle, die mit einem Füßchen ganz vorsichtig auf der Fingerspitze landet. Ihre Flügel sind noch in Aktion.

Dann schließe deine Augen und stelle dir vor, du wärst diese zarte Libelle. Wenn du diese Libelle bist, wie fühlt sich das an, eine Libelle zu sein? Und vertrau dich einfach deiner Fantasie an. Du kannst dabei nichts falsch machen. Was brauchst du von der Hand und dem Finger, um dich dort niederlassen zu können? Was würde dir Sicherheit geben? Wie wäre es, dich als Libelle auf der Hand sicher und frei zu fühlen?

Dann wechsle in deiner Fantasie die Rolle. Stell dir vor, dass du die Hand bist, auf deren Zeigefinger eine Libelle landen will. Was löst das für Assoziationen in dir aus? Und wie fühlt sich das an, dass dieses zarte Wesen mit dir in Kontakt kommen will? Bist du bereit zuzulassen, dass sie auf deiner Fingerspitze »Platz nimmt«?

Dann löse dich wieder aus der Fantasie, die Hand zu sein. Stell dir jetzt vor, dass du als Beobachterin sehen kannst, wie die Beziehung zwischen der Libelle und der Hand jetzt ist. Stell dir aus dieser beobachtenden Position vor, wie die Libelle mit dem Finger bzw. der Hand spricht. In dieser Rolle darfst du der Libelle auch erlauben, alle ihre Gefühle auszudrücken. Wie geht es ihr tief innen drin? Wovon träumt sie? Was wünscht sie sich? Was braucht sie wirklich?

Und stell dir vor, dass der Finger / die Hand antworten würde. Was sagt er/sie? Ist er/sie bereit, auf die Bedürfnisse der Libelle einzugehen? Was wünscht sich die Hand von der Libelle?

> Und umgekehrt: Ist die Libelle bereit, auf das Bedürfnis der Hand einzugehen?
>
> Abschließend kannst du dich fragen, wie die Beziehung zwischen der Hand und der Libelle jetzt im Inneren zueinander ist. Stell dir vor, dass beide auf die Bedürfnisse des anderen eingehen. Was passiert dann zwischen ihnen?
>
> Wie reagiert dein Körper auf diesen inneren Dialog zwischen der Libelle und der Hand? Was spiegelt sich aus deiner Beziehungswelt in dieser Begegnung der Libelle mit dem Finger wider? Mit welcher Seite kannst du dich stärker identifizieren?
>
> Wenn du willst, kannst du deine Eindrücke jetzt aufschreiben oder malen und am Ende der Lektüre des Buches noch einmal überprüfen, ob sich etwas in der Beziehung zwischen der Libelle und der Hand verändert hat.

Meine eigene Geschichte

Für unsere gemeinsame Reise mit diesem Buch erzähle ich dir gerne zunächst aus meinem eigenen Leben, um zu veranschaulichen, wie traumatische Belastungen in der Kindheit entstehen und wie wir sie überwachsen können. Denn tatsächlich wäre ich nicht die Frau, die ich heute bin, wenn ich mich nicht allen Höllen, die mir das Leben bereitet hat, immer wieder gestellt hätte. Die größte Belohnung dafür ist das Gefühl, mit meinem Leben heute glücklich zu sein und eine sinnvolle Arbeit zu machen, die mir jeden Tag aufs Neue große Freude bereitet.

Seit meiner Pubertät sehnte ich mich danach, geliebt zu werden. Und das Gefühl der Einsamkeit war mein vertrautester Begleiter. Immerzu hoffte ich auf den Märchenprinzen, der mich von meinem Liebeskummer erlösen würde. Denn den kannte ich wahrlich schon seit frühesten Kindertagen, wenn meine Mutter mich, kaum dass ich laufen konnte, bei der Nachbarin abgab, um ihrem Vergnügen – dem Reiten – nachzugehen. Später erfuhr ich vom Verhältnis meiner Mutter mit ihrem dreißig Jahre älteren Reitlehrer. Als Therapeutin ist mir heute völlig klar, dass sie bei ihm *späte Vaterliebe* nachholte, weil sie ihren richtigen Vater mit drei Jahren zum letzten Mal gesehen hatte, als er während des Krieges zum Fronturlaub nach Hause gekommen war.

Während meine Mutter ihren Liebeskummer in der Kindheit am Verlust des Vaters festmachte, erzeugte sie in mir Liebeskummer darüber, dass sie selbst nicht ausreichend für mich da war, wenn ich sie brauchte. Zudem nahm sie mir mit sechs Jahren auch den Vater, als sie sich von diesem trennte, weil ihm alles andere wichtiger war als sie und die Familie. Wir zogen sehr weit weg von ihm. Damit zieht sich der Faden einer vaterlosen Kindheit von Generation zu Generation auch durch meine Familiengeschichte.

Ausgestattet mit diesem Liebeskummer der Kindheit durch eine wenig präsente Mutter, einen komplett fehlenden Vater und schließlich einen kriegstraumatisierten Stiefvater begegnete mir mit Mitte zwanzig überraschend mein *Märchenprinz*. Das Leben schien auf einmal so rund, so glücklich und so reich zu sein. Er erfüllte mir alle unerfüllten Wünsche meiner Kindheit. Und auch meine Sexualität erblühte. Die Frau in mir erwachte.

Es dauerte jedoch nicht lange und alte Gefühle meiner Kindheit kehrten zurück. Ich fühlte mich in den Armen meines Märchenprinzen plötzlich ausgegrenzt, nicht ausreichend liebenswert, war voller Selbstzweifel und Unsicherheiten. Doch warum war das so?

Exkurs: Die Erwartungsbrille der Kindheit

Diane Poole Heller sagte einst in einem Seminar, das ich besuchte, dass es ca. eineinhalb bis zwei Jahre dauert, bis sich die alten Muster der Kindheit in einer Partnerschaft neu installiert haben. Meine Erfahrung zeigt, dass wir mit einer unbewussten Erwartungsbrille durch das Leben gehen, dass sich die schmerzlichen Erfahrungen der Vergangenheit wiederholen. Die Amygdala, der sogenannte Mandelkern des Stammhirns, der in der Welt der Traumatherapie auch gerne *Rauchmelder für Gefahr* genannt wird, ist darauf gepolt, unser Leben unter allen Umständen in Sicherheit zu bringen. Da dies ohne Bewusstsein passiert, ist es ein autonomer Prozess. Stephen Porges nennt diesen vom Gehirn gesteuerten Vorgang die *Neurozeption.*[2] Die Amygdala wittert jedoch oft mehr Gefahren im Erleben als heute real vorhanden sind. So könnte man krass formulieren, dass unser Gehirn in einem autonomen Prozess unsere nächsten Bezugspersonen manchmal zu »Dämonen« macht, obwohl sie keine sind, um uns zu beschützen. Sensorische Wahrnehmungen von Gerüchen, Geräuschen oder optischen Reizen können uns in Bruchteilen einer Sekunde in einen Alarmzustand versetzen.

Daher ist es so wichtig, die Realität immer wieder zu überprüfen, im Sinne einer echten Wahrnehmung, der sogenannten *Perzeption*, und sie von der Projektion vergangener Erfahrungen auf die Gegenwart reinzuhalten.

Ein Beispiel: Eine Klientin sagt zu ihrem Mann: »Du bist genau wie mein Vater!« Oder er zu ihr: »Du bist genau wie meine Mutter!« Das kann natürlich nicht sein. Aber der Effekt ist tatsächlich der: Wenn wir lange genug kritische Bilder auf einen anderen Menschen projizieren, wird er oder sie irgendwann anfangen, sich genauso zu verhalten wie unser *Projektil*. Das ist das Bild dessen, was wir auf den anderen projizieren. Und dann fangen wir unsererseits an, uns so zu verhalten, wie wir es als Kind gegenüber unserer Mutter oder unserem Vater getan haben. Das Gleiche gilt für den Partner oder die Partnerin.

Ein solches Phänomen in einer Partnerschaft nennen wir Projektion. Es gibt einen hilfreichen Schlüssel, wie du den anderen wieder von deinen Eltern-Projektionen befreien kannst. Diesen Vorgang nennen wir in der Psychologie »Projektionsrücknahme«. Das meint, dass wir das Bild, das wir in ihn hineinprojiziert haben, wieder zurücknehmen, um zu entdecken, wer der andere wirklich ist. Dadurch entsteht dann eine echte wechselseitige Wahrnehmung. Augenkontakt ist dafür sehr wichtig. Über viele Jahre konnte ich in paartherapeutischen Sitzungen beobachten, dass sich Partner in festgefahrenen Konflikten oft gar nicht in die Augen schauen, sondern vor sich hin reden. In dem Augenblick, wenn ich beide einlade, innezuhalten und einander für einen Moment still in die Augen zu schauen, passiert oft eine Energieverschiebung. Entweder wird der Kontakt weicher, einem von beiden schießen Tränen in die Augen oder beide müssen über ihre Verstrickung überraschend lachen.

Da die Projektionsrücknahme ein wichtiger Schlüssel für tiefe Begegnung ist, lade ich dich zusammen mit deiner Partnerin wieder zu einer Übung ein.

Übung: Wer du wirklich bist

Schafft euch einen sicheren Rahmen, um nicht gestört zu werden. Setzt euch als Paar auf zwei Stühle gegenüber. (Das stärkt den inneren Beobachter.)

Phase 1: Schaut euch einen Moment an. Fragt euch dabei: Wer sitzt mir da gegenüber? Meine Mutter? Mein Vater? Oder mein Partner / meine Partnerin?

Versucht dabei, euer Gegenüber zu spüren. Achtet darauf, welche Empfindungen ihr im Körper wahrnehmen könnt, während ihr euer Gegenüber spürt.

Sagt nacheinander dem anderen, was ihr im Körper spürt, ohne es zu bewerten. Beschreibt nur, wie es sich im Körper anfühlt: z. B. eng, angespannt, fest, kalt, verkrampft oder auch ganz anders ...

Phase 2: Dann schließt die Augen und lenkt die Aufmerksamkeit nach innen, ganz auf euch selbst. Lasst euer Gegenüber gedanklich los. Schenkt euch selbst jetzt liebevolle Aufmerksamkeit. Achtet dafür als Erstes auf euren Atemfluss. Beobachtet, wie der Atem ein- und ausströmt. Falls ihr zwischendurch mit der Aufmerksamkeit vom Atem weggeht, weil euch Gedanken ablenken, entscheidet euch, wieder zum Atem zurückzugehen. Ohne zu bewerten. Beobachtet den Atem so lange, bis er seinen ganz eigenen Rhythmus gefunden hat. Wenn das der Fall ist, löst eure Aufmerksamkeit von der Atmung. Und lenkt sie jetzt auf eure Gefühle. Welche Gefühle könnt ihr jetzt in euch beobachten?

Wenn ihr eure Gefühle benennen könnt, achtet auf euren Körper. Wie reagiert der Körper auf eure Gefühle? Beobachtet auch das. Versucht es, innerlich zu benennen, was ihr empfindet.

Irgendwann, wenn ihr eure Gefühle im Kontakt mit euch selbst wahrnehmen könnt und auch die dazugehörenden Körperempfindungen, dann erinnert euch - immer noch mit geschlossenen Augen - welche Gefühle und Körperempfindungen ihr hattet, als ihr euer Gegenüber vorhin angeschaut habt. Überlegt, welche Unterschiede ihr feststellen könnt, und benennt sie innerlich.

Phase 3: Wenn ihr euch bereit fühlt, die Augen zu öffnen, macht das und schaut euer Gegenüber wieder an.

Wie fühlt sich das in diesem Augenblick an, nachdem ihr euch selbst - mit geschlossenen Augen - wieder mehr spüren konntet? Welche Gefühle steigen auf, wenn ihr euer Gegenüber wieder anschaut? Wie reagiert euer Körper nun, wenn ihr euch in die Augen blickt?

Nehmt euch Zeit und tauscht euch in aller Ruhe darüber aus. Ich empfehle, dass jeder erst einen Monolog hält und ihr nacheinander erzählt, was ihr erlebt habt. Es ist ein gutes Training, dem anderen so lange zuzuhören, bis er oder sie alles erzählt hat. Dann wechselt ihr.

Und danach erst könnt ihr in einen Dialog gehen und euch zeigen, was euch an dem Erleben des anderen berührt hat.

Kehren wir zu meiner persönlichen Lebensgeschichte zurück. Völlig überraschend, auf der Suche nach einem anderen Spiegel, in dem ich mich wieder liebenswerter fühlen könnte, verliebte ich mich nach fünf Jahren – während unserer Partnerschaft – in eine Frau. Es war eine unmögliche Liebe. Sie verheiratet und 400 km entfernt. Ich auch in festen Händen. Und meinen sehnlichsten Kinderwunsch konnte sie mir auch nicht erfüllen. Trotzdem konnte ich mich gegen die

Macht dieser Verliebtheit, einer mächtigen Projektion, nicht wehren und aller Eros strömte in meinen Fantasien zu ihr hin. Zum Leidwesen meines Partners.

Der Segen dieser Zeit: Fünf Jahre lang hatte ich bei unseren spärlichen Treffen und seltenen Telefonaten die Gelegenheit, an ihr alles bewusst zu erleben, was mir an meiner Mutter nie aufgefallen war. Selbst im Porträtfoto ihres Mannes auf ihrem Schreibtisch fand ich die Energie meines Stiefvaters wieder, der rasend eifersüchtig auf mich war und mich nie als Stieftochter akzeptiert hatte. Dasselbe wiederholte sich mit dem Mann meiner Freundin. Erst jetzt entdeckte ich, über den Umweg meiner Freundin, Gefühle der Wut auf meine Mutter. Bis dahin war sie für mich immer die Gute und der Stiefvater der Böse. Doch in dem Maße, wie meine Freundin sich von ihrem Mann nicht für mich frei machte, um mich zu treffen, mich gewissermaßen an die zweite Stelle platzierte, erkannte ich erst, dass mir das meine ganze Kindheit hindurch so mit meiner Mutter widerfahren war. Das hatte etwas sehr Erhellendes, da ich endlich erkennen konnte, wo meine nagenden Selbstzweifel und das Gefühl, nicht wichtig zu sein, ihre Wurzeln hatten.

So beschäftigte ich mich ab Mitte zwanzig intensiv mit meinen Eltern- und Stiefelternbeziehungen. Zudem lernte ich seit den frühen 1990er-Jahren über den *Quadrinity-Prozess* von Bob Hoffman und die Psychosynthese, auf die ich später noch näher eingehen werde, mein Inneres Kind kennen. Unter Innerem Kind verstehen wir das Kind, das wir einstmals waren und das in unserer Erinnerung alle Erfahrungen und Gefühle in sich trägt, die es jemals gemacht und erlebt hat.

Nachdem ich mit meinem Märchenprinzen in unserer frühen Zeit den Himmel auf Erden erlebt hatte, drückte seine Ablehnung meines Kinderwunsches jedoch auf die Wunden meines Inneren Kindes. So verlagerte sich die Sehnsucht danach, meine mütterliche Fürsorge einem Kind zukommen zu lassen, auf das Innere Kind meiner Freundin. Sie brachte eine tiefe Wunde des Ungeliebtseins mit, der ich mich hingebungsvoll widmete. Wir spiegelten uns ineinander und entwickelten uns eine Zeit lang miteinander. Umgekehrt holte ich durch ihre Fürsorge für mich sehr viel *späte Mutterliebe* nach. Ihre fehlende Verfügbarkeit im Alltag ließ mich jedoch erkennen, dass es in dieser Verliebtheit darum ging, zu lernen, mein liebeshungriges Inneres Kind selbst zu versorgen.

In dem Moment kehrte ich emotional und körperlich zu meinem Partner zurück. Wir verliebten uns auf einem neuen Plateau ineinander, was dieses Mal auch in ihm einen Kinderwunsch mit mir auslöste. Ein halbes Jahr später wurde ich schwanger. Und meine Freundin integrierten wir als Patentante unseres Sohnes in unsere Familie.

Parallel zu meiner persönlichen Entwicklung reifte ich zur Psychosynthese-Therapeutin und -Trainerin heran. In meinen Therapiestunden und Seminaren begegneten mir alle meine eigenen Verhinderungen in der Liebe in unterschiedlichsten Varianten bei meinen Klientinnen und Klienten. Ich entwickelte Frauenseminare, Männerseminare, Seminare mit Heilungsritualen für die Wunden fehlender Elternliebe, Seminare zur dialogischen Achtsamkeit für Paare, Seminare zum Inneren Kind, der Integration unseres Schattens[3] etc.

Einblick in die unterschiedlichsten Schicksale von Menschen gewährt zu bekommen, erfuhr ich als eine Gnade. Denn so relativierte sich immer wieder mein eigener Schmerz über die Entbehrungen meiner Kindheit. Mein eigenes Inneres Kind bekam zunehmend mehr Aufmerksamkeit von mir. Schließlich konnte ich mich mit allen meinen vier Elternteilen versöhnen: Mutter und Stiefvater, Vater und Stiefmutter.

Das Schönste, was mir mein leiblicher Vater am Ende seines Lebens sagte, als ich ihm zum ersten und einzigen Mal, unter Tränen, von meinem Kummer mit meinem Stiefvater berichtete, war: »Solange ich lebe, will ich dir ein sicherer Hafen sein.« Dieser Satz berührte mich deshalb so sehr, weil er mich an eine bildhafte Beschreibung der Elternfunktionen erinnerte, die ich Jahre zuvor in einem Seminar gehört hatte. Leider kann ich hier nur den ungefähren Wortlaut wiedergeben: »Die Mutter ist der sichere Hafen und der Vater das Segelboot, das ausfährt.«[4] Das archetypisch Mütterliche sorgt für die Sicherheit und Geborgenheit im »Nest« und das archetypisch Väterliche sorgt für das Abenteuer in der Welt (die Exploration nach Bowlby[5]).

In dem Moment spürte ich, wie eine Welle der Erleichterung durch meinen ganzen Körper ging, auch wenn er hier mit seiner Aussage den weiblichen Part übernahm. Indem er mir – mit 45 Jahren – den sicheren Hafen bieten wollte, den ich nach der Trennung meiner Eltern verloren hatte, zeigt das, wie archetypische Qualitäten mütterlicher oder väterlicher Fürsorge später unabhängig vom Geschlecht der Eltern gegeben werden und heilende Wirkung haben können. Alles Nichtverstehen, alle Ignoranz, alle Oberflächlichkeit, alles Allein-gelassen-Werden waren in diesem Moment wie ausgelöscht. Es gab keine Entscheidung in mir, ihm zu verzeihen für seine unendlich vielen »Unterlassungssünden«. Nein! Plötzlich spürte ich eine tiefe Versöhnung. Er konnte mir erzählen, wie schmerzlich er mich nach der Trennung meiner Mutter vermisst hatte. Die Wahrhaftigkeit dieser Aussage bestätigte sich für mich in seinem letzten Traum, wenige Tage vor seinem Tod. Er träumte: »Die Zigeuner haben dich mir geklaut.«

So erkannte ich spät, wie sehr ich in Wirklichkeit eine »Vater-Tochter« bin. Denn mit ihm war auf einmal ein geistiger Austausch möglich, wie ich ihn bei meiner Mutter und dem Stiefvater nie erlebt hatte. Ab diesem Moment floss nur noch Liebe zwischen uns.

Was ist ein Entwicklungstrauma?

Viele Belastungen in Partnerschaften haben etwas damit zu tun, dass in der Interaktion mit dem Partner alte Bindungsmuster aus der Kindheit aktiviert werden. Da wir anhand unserer Erinnerungen an unsere früheste Kindheit selten verbalisieren können, welche Gefühle wir damals hatten, scheinen sich diese Erfahrungen unbewusst in der Partnerschaft zu reinszenieren. Defizite aus der Kindheit werden oft erst im Erwachsenenalter bewusst erlebt.

In der Psychologie beziehungsweise Neurobiologie nennt man diese Erinnerungen der vorsprachlichen Zeit das implizite Gedächtnis. In diesem Gedächtnis sind alle Erfahrungen abgespeichert, die das Kind vor und nach der Geburt gemacht hat. Die Unmöglichkeit, diese Erfahrungen bewusst zu benennen, macht sie allgemein schwer zugänglich. Das limbische System unseres Gehirns – auch Zwischenhirn genannt – ist jedoch imstande, spontane innere Bilder aus dem Unbewussten hervorzubringen, die auf symbolische Weise die emotionale Befindlichkeit von uns als Kind (unseres Inneren Kindes) darstellen. Manchmal tauchen solche Bilder beispielsweise auch nachts in Träumen auf und rufen nach Aufmerksamkeit.

Meine These ist, dass der Liebeskummer schon in der Kindheit anfängt. Ein Entwicklungstrauma hat nicht, wie man vielleicht vermuten würde, nur mit sich wiederholender seelischer und körperlicher Gewalt zu tun, sondern oft auch mit scheinbar argloseren Phänomenen wie Vernachlässigung, Ausgrenzung, Kontaktabbruch, überfordernden Trennungen zwischen Mutter und Kind. In dem Moment fühlt sich das Kind verlassen und leidet unter der Abwesenheit der Mutter. Es kann auch sein, dass die Mutter zwar physisch da ist, aber seelisch nicht für das Kind erreichbar. Der Effekt ist oft genauso gravierend wie die völlige Abwesenheit.

In der Partnerschaft kann sich eine solche frühbiografische Erfahrung später im Symptom einer gravierenden Verlustangst zeigen.

Dieser Schmerz ist in unserem impliziten Gedächtnis abgespeichert. Die Erfahrung ist so tief verankert, dass eine Trennung oder oft auch nur das Gefühl, im Stich gelassen zu werden, im Erwachsenen diese Urwunde triggern kann. Das explizite Gedächtnis ist alles das, was wir bewusst erinnern und sprachlich benennen können. Der Wert der Inneren-Kind-Arbeit besteht für mich darin, dass wir über das Bild des Inneren Kindes Zugang zum impliziten Gedächtnis erhalten.

Der aktive Dialog mit dem Inneren Kind in meiner Arbeit gibt den Klienten heute die Gelegenheit, Gefühle zu spüren und auszudrücken, die aus dieser Zeit stammen. Wir haben damit einen direkten Zugang zu den neuronalen Netzwerken unserer Kindheit. Indem wir eine Verbindung zwischen dem Ich-Bewusstsein des Erwachsenen und seinem Inneren Kind herstellen, können sich aufgrund der emotionalen Berührtheit des Erwachsenen (Wirkung durch das Kindchen-Schema nach Konrad Lorenz) neue neuronale Netzwerke der Selbstliebe entwickeln, die bei der Überwindung und Heilung alter Wunden helfen. Verlassenheitsgefühle und Trennungen sind Gelegenheit zu Wachstum. Sie aktivieren einen uralten Schmerz. Darüber rutschen erwachsene Menschen unbewusst in die Identifikation mit ihrem kindlichen Schmerz. Eine erfolgreiche Therapie unterstützt den Klienten darin, diesem leidenden Kind ab heute selbst Trost zu spenden und es selbst zu »beeltern«. Damit schließt sich im Inneren eine Lücke. Der Erwachsene sucht in der Folge die Heilung seiner Wunde nicht mehr in einem anderen Menschen, sondern kann durch diesen Prozess der Bewusstwerdung anfangen, diese Wunde selbst zu versorgen. Erst dann können Beziehungen auf Augenhöhe entstehen, wenn sich jeder seiner eigenen biografischen Wunden bewusst ist.

Bei der Heilung dieser Wunden können Partner sich gegenseitig unterstützen. Aber der andere ist niemals für die Entstehung dieser Urwunde verantwortlich. Er oder sie kann sie höchstens aktivieren bzw. triggern.

Echte gegenseitige Liebe zeigt sich darin, dass wir uns selbst und gegenseitig mit unseren jeweiligen Wunden annehmen und dadurch miteinander wachsen. Ein Urschmerz der Kindheit wird bei Trennungen besonders stark aktiviert. Aber er kann sich auch schon in Ängsten vor einer möglichen bevorstehenden Trennung ankündigen. Bis dahin sind sich die Betroffenen ihrer Urwunden meist gar nicht bewusst.

Sehen wir uns zwei Beispiele an: Eine Frau von 35 Jahren war seit zwanzig Jahren mit ihrem ersten Freund zusammen. Sie kam zu mir, weil sie spürte, dass sie in ihrer Beziehung Kind geblieben war. Sie hatte panische Angst davor, dass ihr Freund sich von ihr trennen könnte. Sie fühlte sich sehr abhängig. Sie wollte erwachsen werden und hatte sich sogar schon eine eigene Wohnung gemietet, um auszuziehen. Aber gleichzeitig fühlte sie sich total überfordert.

Dann berichtete sie, dass sie bereits mit zehn Monaten von ihren Eltern in die Kinderkrippe gegeben worden war. Dabei schossen ihr die Tränen in die Augen. Ihr wurde klar, dass das offensichtlich die eigentliche Überforderung in ihrem Leben war.

Sooft ihr Freund ihr auch seine Liebe gestand, hatte sie kein Vertrauen in seine Worte.

Ein anderes Beispiel: Eine Klientin rief mich an, um zu fragen, ob ich ihrem Mann helfen könnte. Sie erzählte: »Wir sind seit dreißig Jahren verheiratet und haben zwei erwachsene Töchter von dreißig und 32 Jahren. Und wir können nicht mehr. Wir leben mit unserer älteren Tochter, ihrem Mann und zwei Enkelkindern unter einem Dach. Das haben wir gemeinsam so entschieden. Aber mein Mann verbreitet permanent unterschwellig so viel Wut. Die ganze Zeit bemühen wir uns alle um ihn. Aber es reicht nie. Als Kind war er das mittlere von drei Kindern. Er hat zwei Schwestern, eine jüngere und eine ältere. Die beiden bekamen alle Liebe von den Eltern, aber mein Mann wurde chronisch vernachlässigt. Er erinnert sich noch an seinen dritten Geburtstag. Da gab ihm seine Mutter die Hand zum Gratulieren und stellte ihm einen Bagger vor die Füße. Da fehlte jede Wärme und Liebe.

Heute lebt er mit unserer eigenen Familie zusammen, aber es ist wahnsinnig anstrengend. Wir können ihm so viel Aufmerksamkeit schenken, wie wir wollen. Es ist nie genug. Lob und Anerkennung prallen an ihm ab. Damit erreichen wir ihn nicht. Was können wir nur tun? Können Sie ihm helfen?«

Dieses Fallbeispiel zeigt, wie belastend traumatische Entwicklungen der Kindheit später nicht nur für die Betroffenen selbst sein können, sondern auch für ihre Mitmenschen.

Ein typisches Merkmal für ein Trauma ist von außen betrachtet eine seelische Unerreichbarkeit. Im inneren Erleben ist es das Gefühl des Getrenntseins. Es zeigt sich in unserer seelischen Isolation. Es fehlt das Vertrauen, dass unsere Liebsten es wirklich ernst mit uns meinen. So sehr wir uns nach Liebe sehnen, die wir so dringend brauchen würden, genauso wenig können wir sie zulassen und annehmen, wenn sie uns begegnet. Solange wir kein Bewusstsein über die Zusammenhänge zwischen unseren biografischen Prägungen und unserem Selbstgefühl haben, bleiben wir innerlich an das Drama unserer Kindheit ausgeliefert. Wie wir uns aus diesem Dilemma befreien können, ist Inhalt dieses Buches. Also packen wir es an!

Was ist Psychosynthese?

An erster Stelle ist die Psychosynthese eine Psychologie der Seele und an zweiter eine Psychotherapie der Liebe. Höchstes Ziel ist es, alle inneren Gegensätze und Spannungen kraft unserer Liebe und unseres Willens zunächst zu erkennen und über einen tiefen Prozess zu vereinen, um sie schließlich zu einer Synthese zu führen. Je mehr es dem Einzelnen gelingt, sich seiner inneren seelischen Situation bewusst zu werden, umso wahrscheinlicher ist es, dass auch unsere Beziehungen besser gelingen. Das erfordert die Bereitschaft, genau hinzusehen, und die Kraft unseres Willens, die Steuerung des eigenen Lebensschiffes zu übernehmen.

Mein persönliches Leben und die Psychosynthese sind untrennbar in mir vereint. »Wir« begegneten uns zufällig, als ich vor meinem Studienaufenthalt in Genua 1990 die Empfehlung bekam, ein Buch von Piero Ferrucci zu lesen: »Werde was du bist – Eine Einführung in die Psychosynthese«. Ich kaufte es mir im italienischen Original mit dem Titel »Crescere« (it. Wachsen) und ahnte damals noch nicht, welche Seelenreise damit beginnen sollte. Jeden Tag ging ich als Studentin zum Italienischunterricht, um dann in meiner Freizeit die Psychosynthese zu entdecken und auch anzuwenden.

Von Anfang an suchte ich den Kontakt zu ihren Wurzeln in Florenz. Ihr Begründer ist Roberto Assagioli (1888–1974). Er war Arzt, Psychiater und ein Schüler Sigmund Freuds, der eigentlich die Psychoanalyse in Italien einführen sollte. Doch erkannte er schon sehr früh deren Grenzen, da ihm die transpersonale Dimension des Menschen, die Entfaltung unserer Möglichkeiten und die Entdeckung des Sinns und unserer Bestimmung in unserem Leben von Anfang an sehr wichtig waren.

In der Erforschung der frühen Biografie und der daraus resultierenden Prägungen bleibt er der Psychoanalyse treu.

Im Aufspüren der Ressourcen und der spirituellen Dimension erweitert er diese. Von Beginn an betonte er die Bedeutung des Körpers als Bühne des seelischen Geschehens. Inspiriert durch C.G. Jung nennt er seinen Ansatz, der nach einer Synthese zwischen Prägung, Anlagen und Bestimmung einerseits und einer Vereinigung von Körper, Seele und Geist andererseits strebt, schließlich *Psychosynthese*.

Die Grundlage seines Menschenbildes lässt sich sehr vereinfacht in zwei Zitaten von ihm zusammenfassen. Im ersten vertritt er: »Der Mensch ist eine Seele und hat eine Persönlichkeit.«[6] Unter »Seele« versteht er die Anlagen des Menschen, die jeder Mensch mit seiner Geburt auf die Welt bringt. Diese Ebene berührt unser Sein, unsere Lebendigkeit und unsere Kreativität. Ein unmittelbares Symbol für die Seele kann sich im Bild des Inneren Kindes widerspiegeln. In der Verfassung unseres Inneren Kindes spiegelt sich nach meiner empirischen Erfahrung grundsätzlich auch die Verfassung unserer Seele.

Unter »Persönlichkeit« versteht er unsere biografischen Prägungen, die unser Wesen verstellen und uns von unserem Sein entfernen. Die Persönlichkeit ist das, was wir durch unsere Erfahrungen in der Kindheit und Jugend geworden sind, um in unserem sozialen Umfeld existieren zu können. Dazu gehören auch unsere Bewältigungsstrategien des Alltags und die Anpassungen an unsere Lebensumstände, unter denen wir aufgewachsen sind. Darunter fällt auch das, was Sigmund Freud unter Wiederholungszwang im Erwachsenenalter verstand. Er sah in der unbewussten Wiederholung traumatischer Erfahrungen der Kindheit den unbewussten Versuch, diese unter Kontrolle zu bringen. In der Therapie führte das erneute Durchleben von Traumata häufiger jedoch zu sogenannten Retraumatisierungen, die eine Aktualisierung der alten Belastungen erzeugten.

In der Psychosynthese geht es im Unterschied zur Psychoanalyse zunächst darum, ein erwachsenes Ich-Bewusstsein zu entwickeln, das imstande ist, (traumatisierte und andere) Persönlichkeitsanteile als sogenannte *Teilpersönlichkeiten* zu personifizieren, d. h., aus der Fantasie eine konkrete Gestalt aufsteigen zu lassen, mit der man einen inneren Dialog führen kann. Damit wird es möglich, sie aus dem Gesamtzusammenhang zu lösen, ihre Nöte zu erforschen und die Bedürfnisse dieser Teilpersönlichkeiten zu entdecken. Am Ende eines tieferen Prozesses können wir schließlich auch ihr verborgenes Potenzial befreien und in unser Bewusstsein integrieren.

Das erwähne ich hier, weil sich solche Persönlichkeitsanteile als Teilpersönlichkeiten mit stereotypen Verhaltensweisen und immer demselben emotionalen Stimmungsbild gerade in Partnerschaften oft als große Störenfriede zeigen können.

Die Seele hingegen zeigt sich im Verständnis der Psychosynthese als das Lebendige in uns und umfasst unsere Gefühle, Fantasien, innere Bilder, Träume und Körperempfindungen. *Die Heilung traumatischer Belastungen erfolgt über die Verbindung zwischen einem Ich-Bewusstsein und der Seele, deren Verfassung sich auch im Bild des Inneren Kindes zeigen kann.*

Im zweiten wichtigen Zitat von Roberto Assagioli geht es um Entwicklung. Er schreibt: »Die menschliche Entwicklung ist ein Prozess fortschreitenden Erwachens.«[7]

Als Vertreter einer wachstumsorientierten Psychologie ist Assagioli auch ein bedeutender Vertreter der Humanistischen Psychologie, in der es um unser seelisches Wachstum geht. Der Weg des Menschen ist sein seelisches Erwachen, das sich viel um die Frage dreht: Wer bin ich wirklich?

Um das herauszufinden, braucht es ein beobachtendes Bewusstsein. Dieses Ich-Bewusstsein ist die Fähigkeit eines Erwachsenen, mit einem gewissen Abstand auf die eigenen inneren Prozesse zu schauen, ohne sich emotional darin zu verstricken. Diese Instanz kann die bunte Vielfalt des Lebens wahrnehmen, ohne parteiisch zu sein. Sie kann sich einfühlen und verfügt gleichzeitig über eine akzeptierende Haltung gegenüber allem, was ist: bei sich selbst und den anderen.

Mit den lösungsorientierten therapeutischen Methoden der Psychosynthese, die ich zusammen mit meinem langjährigen Kollegen Harald Reinhardt im Kölner-Psychosynthese-Modell[8] weiterentwickelt habe, erlebe ich regelmäßig, dass die frühen Verletzungen der Kindheit eine große Rolle spielen, bei den Verzerrungen unserer Identität, unseres Wesens.

Partnerschaft ist dann oft der Ort, an dem wir uns danach sehnen, ganz so gesehen zu werden, wie wir wirklich sind. Nur ist es auch der Ort, wo die Gefahr groß ist, dass wir uns in – aus der Kindheit stammende – vertraute alte negative Beziehungsmuster verstricken.

Das Innere Kind in der Psychosynthese

In der Psychosynthese gibt es seit jeher Innere-Kind-Arbeit, auch wenn sie erst in den 1990er-Jahren angefangen hat, sich vorsichtig zu verbreiten. Damals galt man noch als Exot, wenn man als Therapeut vom Inneren Kind sprach. Dank Stefanie Stahl ist der Begriff heute in aller Munde. Allerdings gibt es Unterschiede im therapeutischen Verständnis und im methodischen Vorgehen.

In der Psychosynthese gehen wir sehr *naturalistisch* mit dem Inneren Kind um. Was heißt das? Da wir aus der Neurobiologie wissen, dass das Gehirn alles, was wir uns im Kopf vorstellen, genauso verrechnet, wie das, was wir real erleben, gilt das auch für das Innere Kind.

Da das Bild des Inneren Kindes keine Erfindung ist, sondern auf Erinnerungen und Erfahrungen basiert und über

Fotos sogar dokumentiert ist, ist es im Gehirn auch als ein neuronales Netzwerk abgespeichert. Dadurch ist es möglich, über dieses Bild sogar Zugang zu Erinnerungen unserer vorsprachlichen Zeit zu bekommen, die im impliziten Gedächtnis abgespeichert sind, also jenem Teil des Gedächtnisses, wo sich Erfahrungen finden, die wir nicht benennen können, weil sie unbewusst sind. Sie stammen aus einer Zeit, als wir noch nicht sprechen konnten, durchaus aber starke Gefühle hatten. Daher können diese Gefühle wieder aktiviert werden, wenn entsprechende Trigger gezündet werden. Dafür ist die Partnerschaft ein bevorzugter Ort, weil wir uns dort sehr nahekommen.

Daraus ergibt sich, dass wir uns in der Fantasie einem traurigen Kind liebevoll zuwenden können, um es zu trösten und zu liebkosen. Damit das eine heilsame Wirkung hat, ist es wichtig, dass das aus der Haltung eines erwachsenen Ichs geschieht. *Erwachsen zu sein, reicht allein nicht aus.* Viele Menschen denken, dass sie erwachsen wären. Erwachsen zu sein, heißt aber nicht, ein freies Bewusstsein zu haben, das verlässlich adäquat auf dieses Kind reagiert. Auch Erwachsene können gefangen sein in unbewussten Identifikationen oder Rollen, die dem Inneren Kind genauso wenig zuträglich sind wie mancher Umgang der Eltern mit diesem Kind einst. Dann hängen sie unbewusst noch in den alten Bindungsmustern der Kindheit fest.

Das bedeutet, dass wir in der Kindheit durch die vielen Erfahrungen mit unseren frühen Bezugspersonen neuronale Netzwerke entwickelt haben, die wir später im Leben mit anderen Bezugspersonen aktivieren.

Durch die unbewusste Einschätzung von Situationen auf ihre potenziellen Gefahren hin, was der Neurobiologe Stephen Porges *Neurozeption* nennt, reagieren wir als Erwachsene nicht immer adäquat. Wir kämpfen, wo gar keine Gefahr ist, oder fliehen, obwohl wir in Sicherheit sind.

Wenn es gelingt, mehr Bewusstsein dafür zu entwickeln,

wann wir in Gefahr sind und wann nicht, können wir unsere Beziehungen »ressourcen- und potenzialorientierter« gestalten. Wir können dann einfach verstärkt das miteinander teilen, was uns Freude macht. Wir können neue Sachen ausprobieren, Dinge zusammen machen, die wir noch nie gemacht haben, und uns auf diese Weise miteinander weiterentwickeln.

In diesem Prozess fortschreitenden Erwachens stellt die Beziehung zwischen unserem erwachsenen Ich und unserem Inneren Kind eine zentrale Rolle dar. Der ängstliche Teil von uns spiegelt sich in der Regel im Bild des Kindes in uns, das alle schwierigen Erfahrungen der Kindheit abgespeichert hat. Wenn wir uns diesem Inneren Kind aus der verantwortungsvollen Rolle eines erwachsenen Ichs zuwenden, können wir ihm über einen inneren Dialog Sicherheit geben, worauf ich später noch zu sprechen komme. Dadurch werden wir autonomer und resilienter, d. h. seelisch belastbarer. Je besser wir uns auf die Bedürfnisse unseres Inneren Kindes einstimmen, umso stärker und unabhängiger fühlen wir uns als Erwachsene.

In der Folge gibt es weniger Fehlinterpretationen von vermeintlichen Gefahrensituationen. Stattdessen können wir eine echte Wahrnehmung und realistische Einschätzung von Situationen erlernen. Bildhaft gesprochen ist das so, wie wenn wir mit einem Kind nachts durch den Wald spazieren gehen. Das Kind kann plötzlich Angst bekommen, weil es den Wald im Dunklen unheimlich findet. Wenn der Vater oder die Mutter sich in diesem Wald sicher fühlen, weil sie ihn kennen und es keine Gefahren gibt, dann können sie das Kind auf den Arm nehmen und es beruhigen. So kann sich das Kind wieder entspannen. Das nennt Porges die *Co-Regulation.*[9] Je mehr Erfahrungen dieser Art wir in der Kindheit gemacht haben, dass wir beruhigt wurden, wenn wir Angst oder Schmerzen hatten, umso besser können wir uns als Erwachsene selbst beruhigen.

Wenn das nicht der Fall war, können wir lernen, den

ängstlichen Teil in uns über das Bild des Kindes, das wir einmal waren, selbst zu beruhigen, wenn es Angst hat, oder es zu trösten, wenn es Schmerzen hat.

Im Erwachsenenalter passiert es oft, dass die unbewusste Wahrnehmung sich z. B. in Form von Verlust- oder anderen Ängsten meldet. Nehmen wir an, ein kleines Mädchen hat einst erlebt, dass der Vater die Familie verlassen hat. So kann es sein, dass die erwachsene Frau später fürchtet, von ihrem Mann verlassen zu werden, obwohl er keinerlei Absichten in diese Richtung hat.

In Wirklichkeit ist es aber die Projektion der Angst des Inneren Kindes auf den Partner, dass der »Vater« wieder die Familie verlassen könnte. Das erwachsene Ich in uns ist die Instanz, die erkennen kann, dass das Kind in uns die Angst, verlassen zu werden, auch auf andere Menschen projiziert. Somit muss sich die erwachsene Frau nicht sorgen, dass ihr Partner sie verlassen wird.

Es ist auch das erwachsene Ich, das dem Inneren Kind die Gewissheit geben kann, heute für es da zu sein. Dann braucht es keine Angst mehr zu haben, dass jemand anderes es verlassen könnte. Eine Beziehung zwischen dem erwachsenen Ich und dem Inneren Kind herzustellen, ist ein wichtiges Ziel in meiner Arbeit. Das ist der Weg, wie alte Wunden heilen und neue Potenziale frei werden können.

Die Psychologin Dr. Stefanie Neubrand hat den Begriff *Impathie* 2021 im Rahmen ihrer Dissertation geprägt, als Ausdruck für die Einfühlung in uns selbst, im Unterschied zur *Empathie,* der Einfühlung in andere.[10] Interessanterweise kommt sie zu ähnlichen Ergebnissen in ihren Forschungen mit Klienten wie ich über die Innere-Kind-Arbeit.

Die fünf Phasen der Beziehungsentwicklung

Jede Partnerschaft durchläuft im Idealfall fünf Phasen in der Beziehungsentwicklung. Die jeweiligen Phasen bringen unterschiedliche Prüfungen mit sich. Denn abhängig von der jeweiligen Phase, stellen sich zu unterschiedlichen Zeiten unterschiedliche Herausforderungen für die Partner. Der eine tut sich schwer damit, sich überhaupt auf eine Beziehung einzulassen und sich darin niederzulassen. Der andere will sofort alles verbindlich machen. Der eine will irgendwann gerne zusammenziehen. Der andere will es nicht. Dann ist das Paar möglicherweise glücklich zusammengezogen und es gibt Gerangel um die gemeinsame Alltagsbewältigung. Und schließlich, einige Zeit später, wird sich bei einem von beiden wieder ein Bedürfnis nach mehr Autonomie melden. Der eine fühlt sich beengt. Der andere beklagt sich über zu wenig Gemeinsamkeit. Aus diesen Gegensätzen entspringt häufig ein großes Konfliktpotenzial, wofür es eine Haltung der Liebe – auf die ich am Ende des Buches noch einmal zurückkomme – braucht, um erneut Übereinstimmungen und einen gemeinsamen Konsens zu finden.

Daher stelle ich hier die fünf Phasen der Paarentwicklung vor, die ich im weiteren Verlauf des Kapitels erklären werde.

1. Verliebtheit
2. Pantoffelphase
3. Separierung
4. Wiederannäherung
5. Die Liebe ist ein Kind der Freiheit

Sicherlich gibt es auch noch geschlechtsspezifische Herausforderungen, die dann bedeutsam werden, wenn das Paar Kinder bekommt. Aus Forschungen[11] ist bekannt, dass es zwei Jahre braucht, bis sich das Paar in seinen neuen Rollen als Eltern gefunden hat.

Wenn in Beziehung lebende Frauen zu mir in die Therapie kommen, haben sie in der Regel schon einen langen Leidensweg hinter sich. Mütter fühlen sich sehr oft alleingelassen mit der Arbeit im Haushalt und den Kindern. Die Partnerschaft ist häufig in eine Zweck-WG mutiert. Von Liebe und Zärtlichkeit kaum mehr eine Spur. In der Tiefe leiden sie oft unter Einsamkeit. Frauen ohne Partnerschaft leiden hingegen häufig darunter, erst gar keinen Partner zu finden oder Partnerschaft ängstlich zu vermeiden.

Männer in Partnerschaft fühlen sich im Gegenzug oft in ihrem Beitrag zum Familienleben zu wenig wertgeschätzt. Sie empfinden häufig eine größere materielle Verantwortung, wollen der Familie eine gute Existenzgrundlage bieten. Manche Männer fühlen sich innerhalb der Familie etwas distanzierter von den Kindern, im schlimmsten Fall sogar ausgegrenzt. Beziehungssehnsüchte leiden womöglich darunter, wenn die Frauen als Mütter ihrer Kinder abends erschöpft und müde sind. Manch andere, meist jüngere Männer hingegen engagieren sich heute so stark, dass ich schon welche am Rand eines Burn-outs erlebt habe, weil sie nach der Arbeit noch ein intensives Kinderprogramm zu Hause erwartet. So bleibt dem Paar wenig Zeit für Erholung und Regeneration.

Spannenderweise kann ich beobachten, dass sich sowohl Frauen als auch Männer in ihrer Partnerschaft mit dem Auftauchen der Kinder als Paar zunehmend aus dem Blick verlieren. So sehr sie auf einmal über die Kinder auch stärker verbunden sind, fühlen sie sich trotzdem oft im Alltag zunehmend allein.

So geht es Menschen in Beziehungen nicht unbedingt besser als Singles. Die einen leiden darunter, es nicht zu schaffen, eine Partnerschaft aufzubauen. Die anderen fühlen sich trotz der physischen Präsenz eines Partners einsam, weil sie nicht richtig miteinander in Kontakt kommen. Bei Paaren wird die Wurzel des Leidens oft auf den Partner projiziert, bei Singles gerne auf den Umstand des fehlenden Partners.

Meine Therapie zielt darauf ab, die Ursachen nicht länger im Außen zu suchen, sondern nach innen zu schauen. Goethe erklärt das verborgene Wechselspiel mit drei Worten, indem er zusammenfasst: »Innen wie außen.« Das heißt, dass wir eine innere Einsamkeit – oder vielleicht treffender Selbstverlassenheit –, ohne es zu merken, unbewusst permanent selbst neu gestalten. An unterschiedlichen Orten, mit unterschiedlichen Menschen zu unterschiedlichen Zeiten. Das Ergebnis ist immer dasselbe. Irgendwann wachen wir auf und stellen fest, dass das so nicht weitergehen darf. Der hier vorgeschlagene Weg ist für jeden praktikabel. Es ist ein Weg des Erwachens, auf dem man sich seiner selbst immer bewusster wird.

Der Wunsch in jedem Menschen, in der Liebe glücklich zu werden, ist ganz natürlich. Aber warum gelingt es uns oft nicht? Unser reflektierendes Bewusstsein reift erst im Erwachsenenalter heran. In Kindheit und Jugend gibt es nur den einen oder anderen Geistesblitz der Erkenntnis über verborgene Zusammenhänge. Aus der Wissenschaft wissen wir heute, dass die Entwicklung des Gehirnes sogar erst mit 25 Jahren vollständig abgeschlossen ist.

Wenn die ersten Probleme in Beziehungen auftauchen, denken wir natürlich alle erst einmal, dass das Problem am anderen läge. Denn der andere hat sich komisch verhalten, uns angelogen, betrogen, enttäuscht oder auf andere Weise verletzt. Da ist es umso verständlicher zu denken: »Wenn das nicht passiert wäre, wäre ja alles gut. Dann könnte ich doch glücklich sein.« Oder so wie zuletzt ein Mann zu seiner Frau in der Paartherapie sagte: »Wenn wir die Kinder nicht hätten, könnten wir ein glückliches Liebespaar sein.« (Beide Kinder sind absolute Wunschkinder.) Seine Frau erkannte im Gegenzug, dass er, seit die Kinder (drei und fünf Jahre alt) da sind, mehr arbeiten würde, genau wie seine eigenen Eltern es getan hatten.

Je älter wir werden und je mehr Erfahrungen wir mit unseren Mitmenschen in verschiedenen Lebenskontexten machen, umso eher fangen wir an festzustellen, dass sich bestimmte Dinge wiederholen, nicht nur im eigenen Leben, sondern auch über Generationen.

Daher will ich am Beispiel der Geschichte von Claudia und Stefan deutlich machen, welche Phasen eine Beziehung durchläuft: Von der frischen Verliebtheit, über die Etablierung eines gemeinsamen Lebens, die Infragestellung durch Autonomiebedürfnisse mit einer möglichen Trennungsphase, bis hin zur Wiederannäherung und schließlich dem Motto »Die Liebe ist ein Kind der Freiheit«.

Claudia, 45 Jahre alt, kam zu mir in die Therapie, weil sie sehr eifersüchtig war, infolgedessen auch sehr angespannt, und in ihrer Beziehung zunehmend litt. Im Gegenzug fühlte sich ihr Partner Stefan durch ihre Eifersucht massiv eingeschränkt und unfrei. Er fing an zu lügen. Sie spürte, dass etwas nicht stimmte, und bohrte sich mit Fragen in ihn hinein. Deshalb gab es ständig Streit. Da er wenig emotionale Einfühlung in ihre Not hatte, fühlte sie sich nicht verstanden und emotional im Stich gelassen. Der Streit mit Stefan drehte sich fast immer um andere Frauen. Sie konnte ihm nicht mehr vertrauen. Die beiden waren seit 16 Jahren (unverheiratet) zusammen und hatten zwei Kinder: einen Sohn von zwölf Jahren und eine Tochter von zehn Jahren.

Claudia war Lehrerin und Stefan hatte eine eigene Yogaschule. Kennengelernt hatten sie sich, als Claudia einen 14-tägigen Yoga- und Meditationskurs auf Mallorca bei ihm mitgemacht hatte. Den hatte sie sich gegönnt, nachdem ihr zweites Staatsexamen als Lehrerin geschafft war. Er war zu diesem Zeitpunkt gerade frisch getrennt von seiner damaligen Freundin, mit der er die Yogaschule aufgebaut hatte. Mit den Weisheiten aus der Yogaphilosophie, die Balsam auf ihre verletzte Scheidungskind-Seele waren, hatte er ihr Herz erreicht. Sie war fasziniert von dieser neuen Welt. Die Yogaübungen fielen ihr leicht, weil ihr Körper die ganze Kindheit hindurch im Ballettunterricht zur Beweglichkeit trainiert worden war. Erst durch das Studium hatte sie damit aufgehört. Über die Meditation fing sie an, sich selbst endlich wieder mehr wahrzunehmen. Im Studium hatte sie unter großen Versagensängsten gelitten, obwohl sie immer gute Noten hatte. Daher saß sie oft angespannt am Schreibtisch. Körperlich litt sie unter Nacken- und Rückenschmerzen.

Durch die Yoga- und Meditationspraxis, die sie täglich auch zu Hause praktizierte, hatte sie einen Weg gefunden, sich zu entspannen. Sie hatte gelernt, still zu sitzen und aufsteigen zu lassen, was aus ihrer Tiefe aufsteigen wollte. Das tat ihr gut, weil sie bis zum Ende ihrer Berufsausbildung extrem kontrolliert war.

Mit dem Examen in der Tasche, ohne Prüfungsdruck, dafür aber mit der Sicherheit des Beamtenstatus war sie endlich erleichtert. Zum ersten Mal in ihrem Leben fühlte sie sich für einen Moment glücklich und frei. Dadurch war sie offen für Neues. Und durch dieses Tor hatte Stefan Zutritt zu ihrem Herzen gefunden, das sie lange Zeit unter Verschluss gehalten hatte.

Von ihrer ersten Liebe aus der Schulzeit hatte sie sich zwei Jahre zuvor getrennt, bevor sie Stefan traf. Damals hatte sie sich mit ihrer Freundin Nathalie geschworen, keinen Mann mehr an sich heranzulassen, weil er sie mit verschiedenen anderen Frauen betrogen hatte. Auch aus dieser Beziehung kannte sie es schon, sich allein und ungeborgen zu fühlen. Auch ihm hatte sie schon nicht vertrauen können.

Sie kannte es daher schon, sich hintenangestellt zu fühlen. Aber warum ihr das wiederholt passierte, war ihr überhaupt nicht klar. Ihr erster Freund hatte ihr gesagt, dass sie nicht oft genug mit ihm schlafen würde. Und dass er sich deshalb nicht von ihr geliebt fühlte. Sie hatte sich seit Beginn der Beziehung von ihm sehr unter Druck gesetzt gefühlt und konnte gar kein eigenes Bedürfnis nach erotisch-sexuellem Kontakt spüren. Oft ging es um seine Erwartungserfüllung. Gleichzeitig hatte sie panische Angst gehabt, dass er sie verlassen könnte.

Stefan hingegen war der erste Mann, der starke erotische Gefühle in ihr weckte. Und sie war wie erlöst, dass er sie, im Unterschied zu ihrem ersten Freund, überhaupt nicht bedrängt hatte. Ja, er war ihr wie ein »Heiliger« erschienen, der sie sehr behutsam in die Geheimnisse gelingender Sexualität einführte. Er seinerseits war ganz verzückt von ihrer zarten natürlichen Öffnung. So hatten sie in der frühen Zeit ihrer Liebe sehr viel Körperkontakt, Zärtlichkeit und Sexualität miteinander geteilt und waren als Paar immer stärker zusammengewachsen. Stefan war auch begeistert von ihrem großen Interesse an seiner Welt. Von Anfang an hatte sie ihn beim Ausbau seiner Yogaschule unterstützt.

Vor diesem Hintergrund startete ich mit Claudia in die Therapie. Ihr Wunsch oder Therapieziel war es, zu verstehen, warum sie immer wieder an Männer geriet, die ihr Anlass zur Eifersucht gaben. Infolgedessen fühlte sie sich in der Partnerschaft minderwertig und unsicher. Der Streit führte selten zu einer Lösung, wohl aber zu emotionaler Distanz. Jedes Mal verhärteten sich die Fronten. Sie brach den Kontakt in ihrer Not ab. Danach brauchte es Tage, bis sie sich wieder liebevoll in die Augen schauen und Claudia Zärtlichkeiten oder gar Sexualität zulassen konnte. Stefan verzweifelte darüber. Er wünschte sich abends noch Kontakt mit ihr, wenn er nach seinen Yogagruppen nach Hause kam und Claudia sehr erschöpft war. Dann saß er stundenlang bei ihr am Bett und rang um sie, doch sie wollte dann einfach nur schlafen.

Der Alltag mit den Kindern samt Fahrdiensten zu ihren Freizeitaktivitäten, der eigene Job als Lehrerin und der Haushalt boten genügend Möglichkeiten, der Auseinandersetzung mit ihrer Beziehung aus dem Weg zu gehen.

Andererseits scheiterten ihre Versuche, tagsüber auf Stefan zuzugehen. Dann wollte er nicht mit ihr sprechen. Wenn er sich doch darauf einließ, fühlte sie sich am Ende einer Diskussion schuldig, weil er meinte, dass alles nur an ihrer Eifersucht läge. Sie müsse ihm nur vertrauen und dann wäre doch alles gut, weil er sie wirklich liebe. Aber sie konnte ihm nicht vertrauen. Immer wieder gab es diesen nagenden Zweifel in ihr, der Stefan regelmäßig infrage stellte.

Nur im Urlaub fühlte sie sich sicher mit ihm. Dann waren sie ununterbrochen zusammen und sie konnte endlich entspannen. Aber im Alltag unter dem Druck vieler Anforderungen und ihrer Eifersucht auf andere Frauen in seiner Yogaschule gelang ihr das kaum.

Der Umstand, dass Claudia in ihrer zweiten Partnerschaft ähnliche Erfahrungen und Gefühle durchlebte wie in ihrer ersten, legte für mich als tiefenpsychologisch orientierte Therapeutin die Frage nahe, ob es in ihr bereits biografische Verunsicherungen gab. Wenn wir uns schwertun, dem anderen zu vertrauen, gab es meistens in den frühen Jahren der Kindheit schon einen bedeutenden Vertrauensverlust. Das kann passieren durch eine zu frühe Trennung des Kindes von der Mutter nach der Geburt, durch Krankenhausaufenthalte oder auch zu frühe Fremdbetreuung im Kindergarten, die für das Kind zu lange waren oder zu jung anfingen. Durch einen chronischen Mangel an Zuwendung und Aufmerksamkeit, beispielsweise nach der Geburt eines

Geschwisterchens, durch den Verlust des Vaters und der daraus folgenden Überforderung der Mutter, durch Trennung und Scheidung, physischen oder seelischen Missbrauch und Ähnliches.

Um therapeutisch wirksam mit Klienten arbeiten zu können, braucht es als Erstes eine vertrauensvolle Beziehung zwischen dem Therapeuten und dem Klienten. Die äußere Situation muss sich für den Klienten sicher anfühlen. Denn nur dann kann ein Schutzraum entstehen, in dem sich der Klient öffnen kann. Studien zeigen, dass in einem solchen positiven Milieu sogar Hormone im Klienten ausgeschüttet werden, die ihm beim Heilen traumatischer Bindungswunden helfen.[12]

Aus meiner Praxis ist es mir vertraut, dass ich oft die erste Person bin, der meine Klienten etwas erzählen. Das ist eine große Schwelle. Wenn das gelingt, schießen vielen Menschen in diesem geschützten Raum spontan die Tränen in die Augen, was in Anbetracht ihrer Geschichten eine natürliche Reaktion ist. Vonseiten meiner Klienten höre ich dann Sätze wie: »Entschuldigen Sie, dass ich jetzt weinen muss« oder »Wie peinlich!« Dann verstecken sie sich oft hinter einer oder beiden Händen. Wir erschließen darauf gemeinsam, welches unbewusste Gefühl sich hinter diesen Tränen verbirgt.

Jedes Mal bin ich berührt davon, wenn mir ein Mensch seinen seelischen Schmerz und seine Not zeigt und sich zugleich dafür entschuldigt oder gar schämt. Das lässt bereits erahnen, dass dieser Mensch es in seinem Leben nicht erfahren hat, dass Traurigkeit und Trauer natürliche Gefühle sind. Oft waren es die Eltern in der Kindheit, die ihrem Sprössling schmerzliche Sprüche beibrachten wie »Ein Indianer kennt keinen Schmerz!«, »Jungens weinen nicht!« oder auch »Sei nicht so eine Mimose!«. Die wenigsten Erwachsenen, die zu mir in die Therapie kommen, haben ein Bewusstsein darüber, warum sie sich eigentlich für ihre Tränen schämen. Sie sind meistens sogar irritiert, wenn ich sie darüber aufkläre, dass es ganz natürlich ist, zu weinen, wenn man traurig ist.

In dem Maße, wie Menschen sich für ihre Tränen entschuldigen, weil sie der Auffassung sind, dass sie nicht sein dürften, behandeln sie sich selbst wie die eigenen Eltern und rutschen dabei in eine unbewusste Identifikation mit den Gefühlen des Kindes, das wieder »falsch« ist, leidet und sich schämt.

Durch diese Scham hingegen werden die »Täter« ihrer Kindheit – meistens die Eltern – entlastet, als ob sie recht hätten, und der Erwachsene gerät wieder in dieselbe Rolle eines ausgelieferten und abhängigen Kindes.

In Wirklichkeit »schämen« müssten sich jedoch diese »Täter«, die Menschen, die meine so liebenswerten Klienten als Kind einst im Stich gelassen oder beschämt haben.

Es mag merkwürdig klingen. Aber ich empfinde sofort eine tiefe Liebe für die Seele der Menschen, die ihren Schmerz zeigen. Es entsteht dadurch innerhalb kürzester Zeit eine zwischenmenschliche Nähe. Ganz anders als bei jemandem, der gerne hinter einer intakten Fassade einen schönen Schein aufrechterhalten will. Gerade im Schmerz entsteht Mitgefühl. Menschen, die sich narzisstisch beweihräuchern und nur von ihren Heldentaten berichten, erzeugen damit selten Mitgefühl.

Aber ein Mensch, der sich im Schutzraum meiner Gruppen zeigt, in der alle eine Bereitschaft haben, dasselbe zu tun, hat sofort viele Verbündete. In meinen Seminaren braucht es selten länger als 48 Stunden, bis ein tiefer Grad an Kontakt zwischen wildfremden Menschen entstanden ist, den manche von ihnen in persönlichen Freundschaften in dieser Form noch nicht erlebt haben.

Für alle ist es erleichternd, sich so zeigen zu können, wie man sich gerade fühlt. Meistens haben wir in der Kindheit gelernt, einen guten Eindruck machen zu sollen. Gewiss gibt es Kontexte, wo es gut ist, die Fähigkeit zu besitzen, seine

Gefühle unter Kontrolle zu haben. In der Psychologie nennt man diese Fähigkeit Affektkontrolle. In persönlichen Beziehungen hingegen ist es hilfreich, sich offen und authentisch zeigen zu können. Das gelingt uns umso mehr, je mehr wir uns selbst annehmen können.

Verfolgen wir daher weiter den Weg von Claudia und Stefan, um ihren Prozess mitzuerleben. Begleiten wir sie durch die unterschiedlichen Phasen ihrer Beziehung.

Phase 1: Verliebtheit

Als Claudia Stefan vor 16 Jahren auf Mallorca als Kursleiter kennenlernte, klebte sie an seinen Lippen. Die Art und Weise, wie er die Yogaübungen anleitete und gleichzeitig seine eigene Lebensphilosophie mit der Yogaphilosophie verflocht, löste in ihr eine neue Hoffnung aus.

Zunächst hatte sie geplant, nur dieses Seminar mitzumachen. Doch später besuchte sie auch von zu Hause aus regelmäßig seine Fortgeschrittenenkurse für Yoga.

In ihrer frischen Verliebtheit war er nicht mehr aus ihrem Kopf rauszukriegen. Überall, wo sie unterwegs war, war Stefan in ihrem Kopf mit dabei. Sie schrieben sich, sie telefonierten. Und das Leben von Claudia wurde heller und bunter.

Einmal, so erzählte sie mir in der ersten Therapiestunde, sei sie in einem Kaufhaus mit der Rolltreppe nach oben gefahren, und plötzlich habe es bei dem Gedanken an ihn in ihrem ganzen Körper gekribbelt. Das habe sie noch nie erlebt. So erfasst war sie von ihm. Erotische Fantasien überkamen sie, die sie aus ihrer ersten Beziehung kaum kannte. Eher das Gegenteil, weil sie sich von ihrem Freund häufig bedrängt gefühlt hatte. Für ihn hatte sich damals alles nur um Sex gedreht. Während sie bei Stefan den Eindruck hatte, dass er sie als ganze Frau wahrnahm und auch echtes Interesse an ihrer Seele hatte.

Als Stefan das erste Mal zu mir kam, erzählte er mir, dass er von Claudia so fasziniert war, weil sie ihm mit einer besonderen Aufmerksamkeit zuhörte. Er fühlte sich in ihrem Spiegel wahrgenommen in seiner größten Leidenschaft, den Fragen über die Entfaltung des Menschen, über Sinn und Bestimmung, Leben und Sterben nachzugehen. Auch bei ihm paarte sich seine Anziehung mit einer zarten Erotik, die er jedoch noch eine ganze Zeit zurückhielt, weil er innerlich noch in seiner alten Beziehung verwickelt war.

Aber trotzdem spürte er, wie Claudia in ihrer zarten Art zunehmend sein Herz öffnete. Nach jeder Yogastunde, so berichtete er, standen sie am Ende oft noch lange zusammen, tauschten sich aus und fingen an, sich neugierig zu entdecken.

Sehen wir uns nun kurz an, wie die erste Zeit, nachdem wir einen neuen Partner kennengelernt haben, üblicherweise abläuft. Die Phase der Verliebtheit, die unterschiedlich lange anhalten oder sogar immer wieder neu erwachen kann, ist in jeder Partnerschaft eine Zeit der wechselseitigen Projektionen. Beide Partner kennen sich noch nicht, sind aber voneinander fasziniert. Es gibt etwas am anderen, was lockt, was unglaublich reizvoll ist. Diese Faszination ist zu Beginn wie ein Sog in die Beziehung. Beide streben aufeinander zu, öffnen sich immer mehr und fangen an, einander zu begehren.

Die Motive der Verliebtheit sind aus tiefenpsychologischer Sicht von Marie-Louise von Franz[13] zunächst unbewusst und können vielschichtig sein. Gewiss ist jedoch, dass eine große Verliebtheit uns in einen tiefen Entwicklungsprozess zieht.

Folgende Motive können der verborgene Motor hinter einer Verliebtheit sein:

- **Ablösung von den Eltern:**
  Hier dient die Verliebtheit der Ablösung vom Elternhaus und den elterlichen Maximen. In der Regel unterscheidet sich der Partner sehr vom Lebenskonstrukt der Eltern, sodass der Übergang weg von den Eltern hinein in ein eigenes Leben dadurch erleichtert wird.

- **Reinszenierung der frühen Biografie zur Aufarbeitung:**
  Manche Verliebtheit hat die Funktion, die eigene Kindheitssituation bewusst zu machen. Das geschieht dadurch, dass wir uns in jemanden verlieben, der oder die wesentliche Merkmale eines schwierigen Elternteils aufweist. Im Erwachsenenalter werden wir uns dann der Defizite der frühen Bezugsperson im Laufe der Zeit bewusst. Wir wiederholen das, was wir in der Kindheit unbewusst verinnerlicht haben.

- **Kompensation (Ausgleich) der Einseitigkeit des eigenen Verhaltens:**
  Wir können uns auch in unseren »Schatten« verlieben. Mit »Schatten« ist in der Tiefenpsychologie nach C.G. Jung all das gemeint, was wir an anderen ablehnen oder wie wir auf keinen Fall sein wollen.[14] Das sind Menschen, die sehr polar zu unserer Persönlichkeit sind. In der Verliebtheitsphase ist das spannend und anziehend. Aber auf Dauer sind das oft sehr herausfordernde Partnerschaften, weil beide Partner so gegensätzlich sind. Es gibt meistens viel Reibung. Die Partnerschaft wird selten als entspannter Hafen, sondern eher als Kampfplatz erlebt, solange kein Bewusstsein über die Wirkkräfte vorhanden ist. Dennoch können wir uns auch in solchen Beziehungen weiterentwickeln. Es kommt zu einer Ausdehnung des eigenen Selbstverständnisses. Konkret können das profane Gegensätze sein: Der eine ist beispielsweise kreativ-chaotisch, der andere eher zwang-

haft und strukturiert. Oder der eine ist freiheitsliebend und der andere sucht stärker das Verbindende in der Beziehung. Oder der eine ist ein Philosoph und der andere weltlich-materialistisch orientiert.

- **Öffnung für Potenziale und Zukünftiges:**
  Wenn der/die andere eine besondere Kompetenz hat, die im eigenen Leben bisher nicht vorkommt, kann es passieren, dass wir ein eigenes, uns selbst noch unbekanntes Potenzial im Partner spiegeln. Das Fundament dieser Art der Verliebtheit ist dann die Projektion dessen, was wir selbst noch unentwickelt in uns tragen. Wir erleben eine zukünftige Version von einer unbewussten Facette von uns selbst am anderen. Das bindet uns energetisch, bis wir diese Kompetenz selbst in uns entwickelt haben.

- **Entwicklung einer tieferen Identität und das Finden der eigenen »Lebensmelodie«:**
  Vom anderen gesehen und erkannt zu werden als das, was wir sind, hat eine magische Anziehungskraft. Das kann auch eine starke Verliebtheit entzünden, die ein großes Potenzial an Tragfähigkeit hat. Hieraus kann tatsächlich eine Beziehung, die zu unserer Ganzwerdung beiträgt, entstehen, weil wir uns in unserer tieferen Identität, unserer Essenz erkannt fühlen.

- **Suche nach Sinn und Spiritualität:**
  Wenn der/die andere älter, reifer und erfahrener ist, kann es passieren, dass wir ein eigenes, uns selbst noch unbekanntes Potenzial von Sinn und Bestimmung im Partner spiegeln. Das macht ihn oder sie besonders attraktiv. Es handelt sich um einen mächtigen Klebstoff, der lange binden kann.

Damit du dir selbst bewusst machen kannst, welcher verborgene Motor dahintersteht, wenn du dich verliebst, empfehle ich dir folgende Übung.

Übung: Verliebtheit

Gerne lade ich dich jetzt ein, eine kleine Reflexion zu deinen Verliebtheiten in deinem Leben zu machen. Dafür erstelle eine Liste mit allen Menschen, in die du im Laufe deines Lebens verliebt warst. Das kann schon im Kindergarten losgehen, weiter in Schule, Ausbildung, Studium, Beruf bis in die Gegenwart. Daraus müssen keine Partnerschaften geworden sein, sondern es können auch kleine Verliebtheiten im Sinne von Faszination oder Begeisterung für einen anderen Menschen gewesen sein.

Du kannst dafür die folgende Tabelle als Vorlage nehmen. Ich trage einige Beispiele von Klienten ein, damit du siehst, wie diese Liste aussehen könnte. Der Name meint die Person, in die du verliebt warst. Die Eigenschaft meint das hervorstechende Merkmal der Person, in das du verliebt warst. Und die Frage »Wie bin ich selbst anders?« zielt darauf ab, sich bewusst zu machen, wie mein eigenes Selbstverständnis ist, zu dem die Person einen Ausgleich herstellt oder mir ein Entwicklungspotenzial anzeigt.

Name	Eigenschaft	Wie bin ich selbst anders?
Grundschullehrerin mit acht Jahren	Sie weiß alles und kann alles.	Ich fühle mich als Versager.
Sportlehrer mit 15 Jahren	Er traut mir etwas zu.	Ich zweifle an mir.
Französischlehrerin	Zielstrebigkeit und Erfolgsorientierung	Lust- und Impulsorientierung
Carlo	Souveränität	Minderwert
Christoph	Gelassenheit & Souveränität im Stress	Erregung und Chaos
Markus	Kreativität	Ordnungszwänge und Struktur
Hendrik	Optimismus und Lösungsorientierung	Existenzängste
etc.		

Name	Eigenschaft	Wie bin ich selbst anders?

Hinter dieser Faszination für den anderen verbirgt sich eine eigene Lebensvision, derer wir uns aber oft noch nicht bewusst sind, die wir vielleicht noch nicht einmal erahnen. Wir erleben sie nur am anderen. Der andere wird zur Projektionsfläche. An ihm oder ihr erleben wir etwas im Außen, das in der Tiefe ein essenzieller Teil von uns selbst ist. Aber dieser Teil ist uns noch unbekannt. Er macht – über die unbewusste Projektion auf den anderen – in unserem Leben auf sich aufmerksam.

So erklärt es sich auch, dass wir uns im Leben durchaus öfter verlieben können. Aber nicht aus jeder Verliebtheit muss, kann oder will eine Partnerschaft werden. Meine tiefenpsychologische Erfahrung zeigt, dass es sich lohnt, sich zu fragen: »Was ist das Eigentliche, was mich am anderen fasziniert?« In dem Moment, wenn wir uns dessen bewusst werden, können wir erkennen, welche Facette des anderen in unser eigenes Leben hineindrängen will, um integriert zu werden.

Meine eigenen »Verliebtheiten« im Leben galten Menschen, die sich mit großer Souveränität und Lässigkeit vor riesige Gruppen von fünfhundert oder tausend Menschen stellen und freie Reden halten konnten. Als ich selbst das erste Mal mit einem Headset auf einer Bühne vor 250 Menschen stand, fragte ich mich danach: »Und was ist jetzt mit diesen Leuten, die ich immer so bewundert habe?« Tatsächlich wurden sie zu Sterblichen mit Stärken und Schwächen. Aber sie waren plötzlich keine »Heiligen« mehr für mich. Ich erkannte, dass diese Menschen wichtige Zugpferde meiner eigenen Entwicklung waren, die mir schon früh gezeigt haben, wo meine eigene Entwicklung hingehen will. Allerdings hätte ich mir das mit Mitte zwanzig im Leben noch nicht zugetraut.

Solange wir den anderen noch nicht wirklich kennen, erleben wir deshalb in der Phase der Verliebtheit grundsätzlich eine Art Ausdehnung. Das tiefe Gefühl der Verliebtheit ist meistens viel größer als die reale Person selbst. Es kann so weit gehen, dass wir am liebsten die ganze Welt umarmen würden, weil wir im Rausch der Glückshormone sind. Es ist das Glück, uns bejaht zu fühlen, was die Selbstakzeptanz erhöht. Schließlich fühlen wir uns sogar mit uns selbst einverstanden. Die Erfahrung, uns sexuell mit dem anderen zu vereinen, ist aus tiefenpsychologischer Sicht auch die Vereinigung mit unserem projizierten Anteil.

Die meisten Menschen haben in ihrer Kindheit starke Konditionierungen, Prägungen und oft auch traumatische Belastungen erfahren, die dazu geführt haben, dass wir uns später im Leben verunsichert fühlen, uns auf einige Glaubenssysteme reduzieren, viele Selbstzweifel hegen und uns kleiner machen, als wir sind.

Über die Verliebtheit jedoch drängt auf einmal ein helles Potenzial von außen in unser Leben hinein, das unser Selbstverständnis vergrößert. Martin Buber geht so weit zu sagen, dass wir erst an einem Du zum Ich werden können.[15] In der Verliebtheit wirkt das besonders stark. Wir fühlen uns in der Stimmung angehoben und vor allem auf einmal »rund«. Aus der Perspektive der Psychosynthese strebt das Unbewusste des Menschen immer nach seelischem Wachstum und der Entfaltung seiner Ganzheit. In diesem Zusammenhang bekommt die Verliebtheit eine besondere Bedeutung. Sie ist nicht nur ein lebendiges Gefühl, das Menschen zu Liebespaaren zusammenführen kann, sondern für sich genommen ist sie vor allem ein starker Motor in der Entwicklung der Verliebten und weniger eine Aussage über den anderen. Daher verbinden wir uns über eine bewusst gemachte Erfahrung von Verliebtheit auch mehr mit uns selbst. Wer der andere wirklich ist, erkennen wir dann erst im Zusammenleben.

In meinen Seminaren, in denen ich viel mit inneren Bildern und Symbolen arbeite, spiegelt sich die Erfahrung einer Verliebtheit oft symbolisch im Bild eines Kreises oder einer golden Kugel wider, die meistens Ausdruck eines größeren

Ganzheitserlebens sind. Selbst der Volksmund sagt: »Jetzt fühlt es sich rund an«, wenn nach einer langen Diskussion ein Problem wieder geklärt ist.

An Claudias Beispiel können wir sehen, dass sie über die Verliebtheit in Stefan nach einem langen anstrengenden Ausbildungsweg, auf dem sie unter einem enormen Leistungsdruck gestanden hatte, auf einmal mit einer geistigen Welt in Berührung kam, die sich mit den tieferen Fragen des Lebens beschäftigte. Das hatte sie zwar auch schon als Schülerin interessiert, sie hatte aber keine Ideen dazu, wie sie dieses Interesse beruflich hätte umsetzen können. So trat sie in die Fußstapfen ihrer Mutter und wurde auch Lehrerin. Und ihr Vater hatte ihr vermittelt, dass man sein »Hobby« nicht zum Beruf machen dürfe. Der Beruf sei etwas »Ernstes«. Spaß sollte dabei kein Thema sein.

An Stefan erlebte sie auf einmal jemanden, der einfach seiner Intuition folgte und das, was ihn leidenschaftlich interessierte, auch zum Beruf machte. Das war ihr völlig fremd und neu. Zugleich beglückte es sie sehr, in Stefan jemanden zu sehen, der ausschließlich begeistert war von seiner Arbeit. Das kannte sie bis dahin nicht. Hatte sie doch auch im Studium ihre meisten Kommilitonen unter den Anforderungen leiden sehen. Und selbst während des Referendariats traf sie nur wenige Kollegen, die wirklich mit ihrem ganzen Herzblut bei der Sache waren. Viele litten unter dem Korsett der strengen Vorgaben, die nur wenig Spielraum zu freier Gestaltung ließen.

Und da tauchte Stefan in ihrem Leben auf, der sich einfach jeden Tag neu erfand. Je näher sie sich kennenlernten und dann auch anfingen, sich außerhalb der Yogastunden zu treffen, umso stärker verliebte sich Claudia in ihn. Es handelte sich um eine komplexe Verliebtheitsprojektion, die nicht nur zu ihrer Identitätsfindung beitragen würde, sondern auch zu ihrer eigenen Sinnfindung. Es würde sich auch noch zeigen, wie wichtig diese Aspekte in der weiteren

Entwicklung für Claudia waren, weil sie es über die Beziehung zu Stefan erst schaffen würde, sich richtig von ihren Eltern und einer sehr traumatisierenden Kindheit innerlich zu lösen. Aber der Umstand, dass sie Stefan als ihre erste richtig große Liebe erlebte, hatte auch viel damit zu tun, dass alle Motive der Verliebtheit im weiteren Verlauf bei ihr eine Rolle spielen würden.

Ihre erste gemeinsame Reise nach Italien zeigte, dass sie neben der starken Projektion auch alltagstaugliche Übereinstimmungen hatten. Sie entdeckten, dass sie auf vielen Gebieten harmonierten. Sie liebten die Natur, wanderten gern, mochten auch das Meer, kochten zusammen oder gingen essen und genossen gemeinsam ein neues Lebensgefühl, das sie beide ausdehnte und bereicherte.

In dem Maße, wie die beiden Verliebten Resonanzen und Übereinstimmungen in Gefühlen und Sehnsüchten entdeckten, baute sich Vertrauen auf. Über das wachsende Vertrauen erfüllte sich auch Claudias Bedürfnis, sich körperlich mit Stefan zu vereinen, was die Verbundenheit der beiden weiter intensivierte.

Exkurs: Das Bindungshormon Oxytocin – Entstehung einer sicheren Bindung in den ersten drei Lebensjahren

Aus der neurobiologischen Forschung ist seit der Entdeckung der Spiegelneuronen bekannt, dass diese wechselseitige Bezogenheit zweier Menschen ihre Gehirne synchronisiert.[16] Aus diesem gemeinsamen Erleben entsteht eine Art Beziehungstanz, der zunehmend ein Gefühl der Verbundenheit weckt. In dem Maße, wie in uns Menschen das System für *soziale Verbundenheit* im Sinne Stephen Porges' innerlich aktiviert wird, verringern sich unsere Zweifel und Bedenken und baut sich Vertrauen zu einer Bezugsperson auf.[17] Die amerikanische Forscherin Sue Carter entdeckte, dass sogar allein auf der Basis wachsenden Vertrauens innerhalb von tragenden Beziehungen schließlich auch das Bindungshormon Oxytocin ausgeschüttet wird, das zum Aufbau einer liebevollen Beziehung beiträgt und auf frühere schwierige Bindungserfahrungen eine heilende Wirkung haben kann. [18]

Früher wusste man nur, dass das Bindungshormon Oxytocin bei Frauen zum einen beim Sex ausgeschüttet wird und daher an den Partner bindet. Und zum anderen beim Stillen eines Babys, was die Entstehung einer sicheren Bindung unterstützt. Ich selbst bin ein großer Fan des Stillens. Daher konnte ich diesen Prozess an meinem eigenen Sohn beobachten.

Da ich während meiner Mutterschaft immer auch etwas Forscherin geblieben bin, habe ich mit meinem Sohn ein Experiment unternommen. Ich wollte in Erfahrung bringen, was passiert, wenn ich ihm meinerseits die Brust nicht entziehe und ihn nicht abstille. Ich wollte wissen, ob es irgendwann einen Zeitpunkt gäbe, an dem er selbst kein Interesse mehr hätte, an die Brust zu kommen. Das Experiment dauerte genau drei Jahre und vier Monate. Von anderen Müttern wurde ich schon kritisch beäugt und kommentiert, als ich ihn bei Nachmittagstreffen mit anderen Kindern und Müttern im Alter von zwei Jahren noch an meine Brust ließ. Ab einem gewissen Zeitpunkt machte er das sehr selbstständig, kam bei Bedarf zu mir gelaufen, schaute mich mein Einverständnis suchend an, schmiegte sich an mich und schob dann mein T-Shirt und den BH hoch, um zu trinken. Jedes Mal konnte ich beobachten, dass seine Gewissheit, jederzeit an meine Brust kommen zu dürfen, ihm Sicherheit gab. Und das Eindrucksvollste war, dass er, wenn er bei solchen Treffen mit anderen Kindern sehr aufgekratzt war, sich durch das Trinken an meiner Brust wieder von seinen Drehzahlen runterholen konnte. Jedes Mal bekam er dank der beruhigenden Wirkung des Oxytocins einen selig tiefenentspannten Augenausdruck.

Durch ein sehr bewegtes Leben mit vielen Seminaren und Menschen um mich herum hätte ich nicht gewusst, wie ich ihm diese Entspannung anders hätte bieten können als mit dem Stillen.

Die spannende Wende war sein dritter Geburtstag. Sein Papa war es leid, ihn immer noch in seinen Windeln zu sehen. So entschied er an diesem Tag, der in unseren gemeinsamen Sommerurlaub am Meer fiel: »So, mein Sohn! Jetzt zeige ich dir einmal, wie wir Männer pinkeln.« Wir waren gerade am Strand, er nahm ihn bei der Hand und ging mit ihm auf eine kleine Brücke, die vor dem Eingang einer Grotte lag, und sagte zu ihm: »Jetzt pinkeln wir mal in diese Grotte.« Ab diesem Tag wollte er nur noch mit Papa pinkeln gehen.

Und seit genau diesem Tag brauchte mein Sohn keine einzige Windel mehr. Zur Sicherheit hatte ich ihm nachts am Anfang noch eine Windel angezogen. Doch am nächsten Morgen war sie immer trocken.

Ohne es zu merken, kam er auf einmal auch seltener an meine Brust. In den drei darauffolgenden Monaten hatte er sich selbst abgestillt. Mein Experiment hat mir gezeigt, dass es in der Natur des Kindes liegt, zu spüren, wie lange es diese Nähe und die sichere Erfahrung braucht, dass die Mutter bereit ist, auf sein Bedürfnis einzugehen.

Heute, als junger Mann, bewundere ich oft seine Gelassenheit in stressigen Situationen und frage mich, ob vielleicht mein »Experiment« ein kleines bisschen dazu beigetragen hat.

Phase 2: Die Pantoffelphase

In der Pantoffelphase geht es darum, die Gemeinsamkeiten und das Verbindende herauszufinden, um ein Zusammenleben gemeinsam zu gestalten. Man könnte sie auch Nestbauphase nennen, in der ein Fundament für das gemeinsame Leben geschaffen werden will. Dabei sind die Verliebtheit und die Ausschüttung des Bindungshormons Oxytocin ein wichtiger Treibstoff.

Es ist eine Phase, die in der Regel sehr stark von körperlicher Nähe und Intimität genährt wird. Das Glück ist groß in dieser Phase und auch die Bereitschaft, sich für die Bedürfnisse des anderen zu öffnen und sich gegenseitig aufeinander einzustimmen.

Während in der Phase der Verliebtheit vor allem die positiven Projektionen den Klebstoff zwischen den Liebenden ausmachen, zeigen sich in der Pantoffelphase zunehmend mehr gemeinsame Erfahrungen des Gelingens, die zum Aufbau einer echten Beziehung beitragen. Aus neurobiologischer Sicht spielen dabei sicherlich auch die Spiegelneuronen eine Rolle. Das sind die Nervenzellen im Gehirn, die dazu beitragen, dass wir in der Verliebtheitsphase unbewusst einander imitieren. Dadurch entsteht eine Art Synchronisierung von Handlungen und Aktivitäten, die das Gefühl der Verbundenheit stärken. Das bedeutet noch nicht, dass wir eine Einfühlung ineinander haben, aber es ist ein Teilaspekt, wie beide Leben auf natürliche Weise anfangen, sich miteinander zu vernetzen. Der Radius gemeinsamer Aktivitäten dehnt sich weiter aus.

Sehen wir uns nun an, wie diese sogenannte Pantoffelphase bei Claudia und Stefan aussah. Nach ihrer ersten gemeinsamen Reise nach Italien verdichtete sich bei Claudia der Wunsch, mit Stefan zusammenzuziehen und ihren Weg gemeinsam weiterzugehen. Stefan war das erst nicht geheuer, weil er aus seiner alten Beziehung noch nicht so richtig gelöst war. Er wollte sich nicht zu schnell wieder fest binden. Claudia hingegen war so verzückt von ihren neuen Erfahrungen in der Sexualität mit Stefan, dass es ihr nicht schnell genug gehen konnte, mit ihm ein gemeinsames Nest zu bauen. Sie fühlte sich emotional gut aufgehoben bei ihm, da ihre Oxytocinausschüttung offensichtlich auf Hochtouren lief.

Die Umstände spielten zu Claudias Gunsten mit. Zeitgleich zu ihrem verstärkten Bindungswunsch bekam Stefan eine Kündigung seiner Wohnung wegen Eigenbedarf des Vermieters. Daher war er gezwungen, sich eine neue Bleibe zu suchen. Die beiden schafften es erstaunlich schnell, so viel Vertrauen zueinander aufzubauen, dass sie tatsächlich auch bald ein schönes Reihenhaus fanden, in das sie gemeinsam einzogen. Sie erfreuten sich an einem ähnlichen Geschmack, suchten nach neuen Möbeln und richteten sich komplett neu ein.

Ihre generelle Verbundenheit zeigte sich auch darin, dass sie ihn in den Ferien sehr gerne auf seine Yoga-Retreats begleitete. Zwischenzeitlich nahm sie sogar an seiner Ausbildung zur Yogalehrerin teil. Die Intensivwochen auf der schönen Finca in Mallorca taten ihr gut. Sie schafften einen perfekten Ausgleich zu ihrem anstrengenden Job als Lehrerin. Die Bewegungen im Yoga machten sie körperlich wieder viel beweglicher. Während ihres Studiums und des Referendariats war Bewegung deutlich zu kurz gekommen, weil sie sich zu sehr im Stress gefühlt hatte. Außerdem fand sie nun gleichgesinnte Frauen auf Augenhöhe, die ebenfalls ein Interesse an ihrem inneren Weg hatten, statt sich zu sehr in Äußerlichkeiten zu verlieren.

Claudia fühlte sich rund und glücklich in ihrem Gesamtpaket »Leben mit Stefan«. Sie ahnte bereits, dass sie mit ihm eine Geborgenheit erfuhr, die sie in dieser Form in ihrem Leben noch nicht kannte. Und so fingen manche Wunden aus ihrer frühen Kindheit als Scheidungskind an zu heilen. Sie hatten beide wechselseitig ein großes Interesse am anderen. Sie hatte sich gut in ihren Job eingefunden. Die Arbeit mit Kindern machte ihr als Lehrerin viel Spaß und fiel ihr leicht.

Die Beziehung ging so lange gut und erfüllte beide mit Glück, bis sich nach fünf Jahren im Abstand von zwei Jahren ihre beiden Wunschkinder den Weg in ihr Leben bahnten. Damit begann ein völlig neuer Lebensabschnitt.

Phase 3: Die Separierung

Das, was viele Frauen als die Erfüllung ihres größten Beziehungsglücks erträumen – ein gemeinsames Kind –, wurde für Claudia die größte Herausforderung. Sie war fasziniert davon, Stefan mit Kindern zu erleben, wenn ihre Freundinnen ihre Kinder zu gemeinsamen Treffen mitbrachten. Es berührte sie, wie liebevoll zugewandt er war und welche kreativen Spiele er sich mit ihnen einfallen ließ. Das weckte ihre Fantasien. Immer besser konnte sie sich Stefan in der Rolle des Vaters ihrer Kinder vorstellen. Umgekehrt ging es auch ihm mit ihr ähnlich. Auch er liebte ihre natürliche Art, mit Kindern umzugehen, die er oft beobachtet hatte, wenn er sie mit Schulklassen auf Ausflüge begleitet hatte.

Doch auf einmal veränderte sich die Realität ihres Alltags. Sie hatten sich jahrelang zusammen wohlgefühlt. Claudia hatte ihre berufliche und materielle Unabhängigkeit durch ihre Arbeit genossen. Und Stefan war sehr glücklich mit seiner eigenen Yogaschule, in der er vor allem abends und an den Wochenenden arbeitete. Er besuchte viele Fort- und Weiterbildungen zur Erweiterung seiner Qualifikationen, besuchte und gab eigene Yoga-Retreats.

Das war alles so lange kein Problem, bis die Kinder da waren. Denn auf einmal konnte Claudia Stefan nicht mehr dauernd überall hinbegleiten, wie sie es jahrelang getan hatte. So saß sie Abend für Abend zu Hause, während er sein gewohntes Leben fortsetzen konnte, trotz der Kinder.

Am Anfang, als die Kinder klein waren, ging Claudia noch in ihrer neuen Rolle als Mutter auf. Doch je größer sie wurden, umso schwerer fiel es ihr, sich »draußen« zu fühlen. Stefan konnte sich nur schwer in Claudia hineinversetzen, da er sich in seiner neuen Rolle als Vater unter größerem materiellem Druck sah. Wegen seines Verantwortungsgefühls bot er immer mehr Kurse an und erweiterte sein Angebot. Sein Ziel war, die Familie ernähren zu können und allen einen angenehmen Lebensstandard zu ermöglichen.

Das hatte zur Folge, dass die beiden weniger Zeit miteinander verbringen konnten. Seit Claudia auch wieder angefangen hatte zu arbeiten, wurden die Spannungen deutlich stärker zwischen den beiden. Sie war erschöpfter. Und die gemeinsame Zeit als Liebespaar geriet schleichend ins Hintertreffen.

Phase der Separierung bei Claudia

In diesem Zeitfenster, als die Kinder zehn und zwölf Jahre alt waren, kam sie regelmäßig über einen Zeitraum von zwei Jahren zu mir auf Seminare und in die Therapie. Stefan machte in diesem Zeitraum auch die eine oder andere Stunde bei mir. Sie war sehr erregt, redete schnell und viel. Und sie war angespannt und wütend. Sie wusste nicht, wie sie aus diesem Hamsterrad des Alltags und ihrer unglücklichen Beziehung wieder herauskommen konnte.

Von der Therapie erhoffte sie sich ursprünglich, dass es eine Lösung für die ständige Reibung mit Stefan geben und sie ein entspannteres Familienleben haben könnte.

Doch dann nahm die Therapie eine für sie erstaunliche Wende in Richtung ihrer selbst.

Nachdem sie mir erst von den schönen Seiten ihrer Beziehung, den glücklichen ersten Jahren, ihrer erfüllenden Sexualität, den vielen Reisen und der gemeinsamen Welt mit Stefan erzählt hatte, wurde sie immer erregter. Auf einmal erlebte sie seine Welt, die ihr jahrelang ganz viel gegeben hatte, als bedrohlich.

Es war eine Welt, in der es hauptsächlich Frauen gab. Häufiger beobachtete Claudia, wenn sie mit den Kindern mal in seine Yogaschule ging, um Stefan zu unterstützen, wie er sich anderen Frauen zuwendete. Vor und nach den Yogastunden führte er viele Gespräche mit ihnen. Sie erzählten ihm ihre Probleme. Während der Yogastunden berührte Stefan die Frauen häufig, um ihre Körperhaltungen zu korrigieren.

Claudia wurde zunehmend eifersüchtiger und stellte Stefan infrage. Sie kritisierte ihn. Er verteidigte sich, dass das seine Arbeit sei, mit der er schließlich das Geld für die Familie verdienen würde. Daraus ergaben sich immer mehr Streitigkeiten. Claudia reagierte immer häufiger gereizt und inszenierte heftige Wutausbrüche. Sie bekam erste Trennungsfantasien. Stefan reagierte darauf zunächst mit Rückzug, wurde im Laufe der Zeit aber auch wehrhafter.

Zu Hause im Alltag mit den Kindern hatte Stefan wenig Interesse, seine Kinder durch den Schulalltag zu begleiten. Er brachte die beiden morgens lediglich zur Schule. Den Rest erledigte Claudia. Als Lehrerin sei das doch mehr ihre Welt, meinte Stefan. Er ging dafür ganz in seiner Welt auf. In der Freizeit und im Urlaub machte er allerdings viel Quatsch mit den Kindern, ging mit ihnen schwimmen und Fahrrad fahren und spielte auch gerne mit ihnen.

Claudia fühlte sich zunehmend überfordert und gestresst. Abends fiel sie todmüde ins Bett. Er fühlte sich dadurch aus ihrem Leben, das sehr durch den Alltag mit den

Kindern bestimmt war, ausgegrenzt. Er beklagte zu wenig Raum für Zweisamkeit. Auf beiden Seiten wuchs die Unzufriedenheit. Gleichzeitig empfanden sie beide eine große Hilflosigkeit, mit der Realität der gemeinsamen Familie, die sie sich ursprünglich gewünscht hatten, umzugehen.

Sie hatten unterschiedliche Erwartungen aneinander. Claudia wünschte sich, dass Stefan sich mehr mit ihr zusammen um die Kinder kümmern würde, während Stefan gerne mehr Zeit mit ihr allein verbracht hätte. Vor allem wünschte er sich mehr Zärtlichkeit und Sexualität. Das empfand Claudia zunehmend als unangenehmen Erwartungsdruck, so wie sie es ja auch schon aus ihrer ersten Beziehung kannte. Hier fingen die Verstrickungen an.

Während Claudia sehr viel und sehr schnell erzählte, konnte ich sie als ihre Begleiterin kaum spüren, kam nicht wirklich mit ihr in Kontakt. In ihrer Erregung verstrickte sie sich in vielen Details und es wirkte, als ob sie vor etwas davonlaufen würde (Fluchtmodus). Doch als ich sie motivieren konnte innezuhalten, um auf eine tiefere Schicht vorzudringen, sank sie in sich zusammen und wurde ganz still. In dem Moment spürte ich, dass ich selbst mich bereits ebenfalls ganz rastlos gefühlt hatte und in diesem Moment endlich wieder tief durchatmen konnte. Auch sie machte einen tiefen Seufzer. Dabei wurden ihre Augen feucht und eine Welle von Traurigkeit erfasste sie.

Nun waren wir im therapeutischen Prozess auf der Ebene des limbischen Systems im Gehirn angekommen, wo Veränderungen möglich sind. Das reine Erzählen (Narrativ) bringt keine Veränderung, während das Durchleben unserer Gefühle immer eine Veränderung bewirkt.

Ich lud Claudia deshalb ein, ihre Gefühle einmal in einer Körperhaltung darzustellen, ohne darüber nachzudenken. Spontan zog sie ihre Beine hoch, stellte die Füße auf die Sitzfläche des Stuhls und umschloss mit ihren Armen ihre angezogenen Beine. Ihren Kopf legte sie seitlich auf ihren Knien ab.

Ich sagte zu ihr: »Ich frage mich, wenn du jetzt so zusammengezogen dasitzt, was du jetzt in dir spürst.«

Claudia lauschte still in sich hinein und weinte. Dann meinte sie: »Ich halte mich zusammen.«

Ich ließ ihr den Raum, still zu weinen und ihrem Schmerz damit Platz zu machen, bevor ich weitersprach.

Als ihr Weinen sich beruhigt hatte, fragte ich, ob sie dieses Gefühl bereits kenne. Sie stimmte sofort zu. Es sei ihr ein vertrauter Begleiter in ihrem Leben. Schon als Studentin hätte sie das Bild einer Frau von Picasso an der Wand hängen gehabt, das diese in einer ähnlichen Körperhaltung darstellt.

Dann ermutigte ich sie, dieses Gefühl weiter zu erforschen: »Stell dir vor, du siehst jetzt Momente aus deinem Leben, in denen du dich genauso gefühlt hast, wie du dich jetzt gerade fühlst. Nimm dir so viel Zeit, wie du brauchst, bis etwas in dir aufsteigt ...«

Claudia: »Ich sehe mich als kleines achtjähriges Mädchen, allein in meinem Zimmer auf meinem Bett. Genau in der gleichen Körperhaltung, wie ich jetzt hier sitze. Meine Mutter hatte sich von meinem Vater getrennt. Wir waren umgezogen. Und ich kannte niemanden dort. Und dann ist sie abends immer wieder ausgegangen, weil sie über Heiratsanzeigen einen neuen Mann finden wollte. Damals gab es noch keine Handys. Und ich hatte immer Todesangst, dass ich ins Kinderheim käme, wenn ihr etwas zustoßen würde. Ich fühlte mich total allein. Und auch mein Bruder konnte mich nicht trösten. Er war mit der Situation ebenfalls überfordert. Als sie dann endlich einen Mann gefunden hatte, drehte sich alles nur noch um ihn und sie vernachlässigte uns Kinder weiter. Sie machte alles, was dieser Mann wollte. Und es spielte keine Rolle, was wir wollten oder brauchten. Ich fühlte mich unendlich einsam. Bis er auftauchte, durfte ich am Wochenende morgens noch bei ihr im Bett kuscheln. Aber das war dann von einem Tag auf den anderen vorbei.

Ich erstarrte, wenn dieser Mann kam. Jetzt hatte ich nicht nur keinen Vater mehr, sondern meine Mutter war auch nicht mehr verfügbar. Kurze Zeit später bekam ich chronische Kopfschmerzen. Meine Mutter schleppte mich von einem Arzt zum nächsten. Aber niemand fand eine Ursache.«

Claudia blieb während ihrer Erzählung die ganze Zeit in dieser zusammengekauerten Körperhaltung. Als sie innehielt, fragte ich sie: »Was spürst du jetzt?« Ihre Antwort kam ohne Zögern: »Ich habe einen Kloß im Hals. Es ist alles so bedrückend. Ich spüre eine völlige Ohnmacht. Dieser Mann ist für mich wie ein Eindringling in unser Leben. Und ich fühle mich ausgeschlossen. Ich gehöre nicht mehr dazu. Meine Mutter lässt uns total im Stich.«

Nun wollte ich wieder zu ihrer aktuellen Situation überleiten und fragte weiter: »Und was passiert, wenn du an deinen Partner denkst? Wie siehst du Stefan jetzt?«

Daraufhin meinte Claudia: »Irgendwie ist das verrückt, aber gerade sehe ich Parallelen zwischen ihm und meiner Mutter. Wenn er abends in seiner Yogaschule ist und sich anderen Frauen zuwendet und ich mit unseren schlafenden Kindern allein zu Hause sitze, dann fühlt sich das so ähnlich einsam an wie in meiner Kindheit. Ich fühle mich von ihm genauso im Stich gelassen wie von meiner Mutter damals. Und ich fühle mich auch ihm gegenüber so ohnmächtig wie früher meiner Mutter gegenüber. Ich muss schon wieder etwas aushalten, was ich nicht aushalten will.«

Ich bat Claudia, sich aus ihrer Körperhaltung zu lösen und einmal von ihrem Stuhl aufzustehen. Die Idee dahinter war, sich aus der Identifikation mit den Gefühlen ihrer Kindheit zu lösen. In der Sprache der Psychosynthese nennen wir dieses Abstandnehmen *Disidentifikation*.

Nun standen wir beide im Raum. Claudias Anspannung löste sich wieder. Im nächsten Schritt lud ich sie neben ihr stehend ein, einmal diese Seite von sich auf dem Stuhl sitzen zu sehen, aus der sie sich gerade erhoben hatte.

Sie meinte daraufhin: »Ja, da sitzt die kleine Claudia. Das Mädchen, das ich damals war.«

Meine nächste Frage war kurz: »Wie berührt dich das?«

Sie antwortete: »Hm, ich finde das schlimm, dass mir meine Mutter und ihr Freund das damals zugemutet haben. Ich fühlte mich total verloren. Und mein Vater war auch nicht besser. Denn ihn bekam ich ebenfalls nicht mehr zu Gesicht, weil seine neue Freundin ihn für sich in Beschlag genommen hatte.«

»Willst du mal mit dem Mädchen sprechen?«

Claudia war überrascht: »Wie soll das gehen?«

»Sprich sie einfach an. Frage sie z. B., was sie jetzt will.«

Nach einer kurzen Pause meinte Claudia: »Sie will auf meinen Arm genommen werden.«

»Wäre das okay für dich, sie auf deinen Arm zu nehmen, so wie du deine realen Kinder ja auch auf den Arm genommen hast?«

Claudia antwortete spontan: »Ja, natürlich. Aber wie?«

»Frag sie einfach. Sie wird es dir sagen.«

Claudia fragte sie und ihre kleine Claudia antwortete ihr im Inneren: »Setz dich wieder auf den Stuhl, dann komme ich auf deinen Schoß.«

Etwas unsicher sah Claudia mich an. »Soll ich das jetzt machen?«

»Ja, wenn du dazu bereit bist, kannst du das einmal ausprobieren und schauen, was passiert. Ich unterstütze dich gerne dabei.«

Wir setzten uns beide wieder hin. Claudia schloss erneut ihre Augen und stellte sich dabei vor, ihre kleine Claudia (ihr Inneres Kind) auf ihren Schoß zu nehmen. Dafür legte sie ihre Arme um das imaginierte Mädchen auf ihrem Schoß. Und wieder machte sie einen tiefen Seufzer. Und wieder löste sich etwas von ihrer Anspannung. Claudia konnte ihrer kleinen Claudia jetzt die Beruhigung geben, die ihr bei der Mutter fehlte. Der amerikanische Neurowissenschaftler Stephen Porges nennt das *Co-Regulation*[19]. Dadurch, dass Claudia heute ihr Inneres Kind selbst trösten kann, entspannt sie sich wieder. In meiner Sprache der Psychosynthese nenne ich das *sich selbst beeltern* lernen. In dem Maße, wie wir anfangen, uns und damit unserem Inneren Kind etwas zu geben, was uns in der Kindheit fehlte, kann sich eine Lücke schließen.

Darüber entspannt sich auch das Autonome Nervensystem und wir können den Kampf- oder Fluchtmodus, der uns vor Gefahren schützen will, wieder verlassen und zur Ruhe kommen.

Aus der neurobiologischen Forschung wissen wir heute, dass es für das Gehirn keinen Unterschied macht, ob wir uns Unterstützung durch jemand anderen vorstellen oder sie real erfahren. Für das Gehirn ist es dasselbe. Beides trägt zur Heilung unserer seelischen Wunden bei.

Ich fragte Claudia nach einer Weile: »Wie geht es dir jetzt mit deinem kleinen Mädchen auf dem Schoß?«

»Besser. Jetzt ist es mir wohlig warm. Und ich fühle mich mit der kleinen Claudia sehr innig verbunden. Sie schmiegt sich ganz eng an mich an.«

»Und wie fühlt sich deine kleine Claudia auf deinem Schoß?«

Die Antwort kam spontan und ohne zu zögern. »Auch ganz geborgen.«

Ich wollte noch etwas tiefer gehen. »Und wie ist es für dich, wenn du jetzt zum Abschluss unserer Sitzung die Verbundenheit mit deiner kleinen Claudia spürst?«

»Ich fühle mich gefestigt. Und der Kloß im Hals ist wieder verschwunden. Es strömt wohlig warm in meinem Körper. Es erinnert mich auch daran, wie schön es war, meine Kinder auf dem Schoß zu haben, als sie noch kleiner waren. Diese Innigkeit jetzt in der Verbindung mit meinem Inneren Kind zu spüren, ist neu für mich. Aber es fühlt sich gut an. Irgendwie befreit es mich. Und es ist toll festzustellen, dass ich jetzt selbst etwas tun kann, wenn ich mich wieder angespannt fühle oder den Kloß im Hals kriege.«

Hier können wir sehen, wie Claudia ihre Selbstwirksamkeit entdeckte. In dem Maße, wie ihr Inneres Kind zu ihr eine sichere Bindung entwickelte, fand sie über den Dialog mit ihrem Inneren Kind eine Möglichkeit, sich selbst zu regulieren.

Solange sie in Momenten der Not, dem Gefühl des Ausgegrenztseins, mit den alten Gefühlen ihrer Kindheit von Einsamkeit und Isolierung identifiziert war, fühlte sie sich gefangen und ohnmächtig, damit umzugehen.

Ich fragte sie daraufhin: »Wie fühlt sich die Situation in deiner Partnerschaft jetzt an, wenn sich deine kleine Claudia, die sich offensichtlich in der Kindheit sehr von ihren Eltern verlassen vorgekommen ist, jetzt auf deinem Schoß sicher fühlt?«

»Dann habe ich das Gefühl, Stefan unrecht zu tun. In Verbindung mit meiner kleinen Claudia kann ich meine Liebe zu Stefan auch wieder mehr spüren. Ich merke, dass ich wieder weicher werde.«

Als ihre Begleiterin konnte ich beobachten, wie sich ihre Stimme beruhigte und wieder tiefer und fester wurde. Am Anfang des Prozesses war sie zittriger und höher.

Damit beendeten wir diese Sitzung, in der Claudia ihre erste Begegnung mit ihrem Inneren Kind erlebt hatte und ihre Liebe zu Stefan wieder spüren konnte.

Ich schlug ihr vor, falls sie bis zu unserem nächsten Termin in vier Wochen noch einmal Wut auf Stefan verspüren sollte, weil sie sich von ihm womöglich wieder alleingelassen fühlte, einen Brief an ihr »Mutter-Introjekt« zu schreiben. Wie es ihr damit erging, darauf kommen wir später noch einmal zurück. Nun gilt es nämlich, die Frage zu klären, was mit dem Begriff Introjekt gemeint ist.

Exkurs: Eltern-Introjekte

Die Erfahrungen, die wir in der Kindheit mit den Eltern machen, verinnerlichen wir zutiefst. Dabei ist eindrucksvoll zu beobachten, wie mehrere Geschwister desselben Elternpaares dennoch sehr unterschiedliche Erfahrungen mit der Mutter und dem Vater machen können. Jede Beziehung ist in ihren Wechselwirkungen absolut einzigartig. Denn es ist das Kind, wie wir aus der Bindungsforschung von Bowlby bereits wissen, das die Beziehung zur Mutter und später auch zum Vater sucht.[20] Und so wie das Kind auf die Eltern zugeht, antworten die Eltern entsprechend auf das Kind. Aus diesen Wechselwirkungen entstehen einzigartige neuronale Elternnetzwerke, die wir in der Tiefenpsychologie Mutter-Introjekt, Vater-Introjekt oder beide zusammen Eltern-Introjekte nennen.

Diese Begriffe geben uns die Möglichkeit, zwischen den realen Eltern im Alter heute und den in der Kindheit verinnerlichten Eltern zu unterscheiden. In dreißig Jahren Innerer-Kind-Arbeit hat sich der Eindruck gefestigt, dass die Eltern in der geistigen Vorstellung genauso auf unser Verhalten reagieren, wie wir es in der Kindheit verinnerlicht haben. Ihre Wertmaßstäbe, ihre Kritik, ihre Erwartungen, ihre fehlende Präsenz, ihre Ablenkungsmanöver, ihre Rechtfertigungen, ihr Desinteresse, ihre Rastlosigkeit oder vieles andere mehr, worunter wir in der Kindheit gelitten haben oder was uns fehlte, leben die verinnerlichten Eltern unserer Kindheit bis heute auf unserer inneren Bühne.

An dieser Stelle sei unbedingt auch erwähnt, dass Eltern natürlich auch helle und positive Seiten haben, die wir genauso verinnerlicht haben. Allerdings ordne ich diese Aspekte der Eltern eher der Seele, ihrer eigenen ursprünglichen Natur zu.

Das Introjekt ist etwas durch Prägung Gewordenes. Denn auch die Eltern sind natürlich nicht mit diesen Defiziten auf die Welt gekommen, sondern auch sie haben das wiederum von ihren Eltern und anderen frühen Bezugspersonen übernommen. Durch meine lange Erfahrung als Therapeutin begleite ich manche Familien bereits in der dritten Generation. Da zeigt sich dann, wie solche Muster sich über Generationen fortsetzen können.

Das heilende Elixier ist wieder das Innere Kind, das in meiner Arbeit im Mittelpunkt steht. Von der verborgenen Macht der Introjekte müssen wir uns befreien, damit wir endlich ganz wir selbst werden können. Unser Inneres Kind hilft uns gerne auf diesem Weg.

Kehren wir zu Claudia zurück und fassen wir ihre Geschichte noch einmal kurz zusammen, da wir an diesem Beispiel gut nachvollziehen können, wie es oft in Partnerschaften abläuft. Zunächst verlieben wir uns und sehen im anderen eine große Verheißung. Claudia entdeckte mit Stefan ein viel freieres und unbegrenzteres Leben. Durch ihn erwachte erst ihre Weiblichkeit, weil sie sich von ihm so gesehen und geliebt fühlte wie nie zuvor in ihrem Leben. Das teilten sie auch die ersten Jahre miteinander, bis die Kinder kamen. Dann mit den Kindern veränderte sich alles und trotz der großen Liebe zu Stefan fingen die verinnerlichten Programme ihrer Kindheit an, sie einzuholen. Solange sie nicht gezwungen war, abends allein zu Hause zu sitzen, während die Kinder schliefen, war sie früher entweder mit Stefan zusammen, traf sich mit Freunden oder hatte noch schulische Verpflichtungen. Doch dieses »Eingesperrtsein«, weil sie bei den Kindern bleiben »musste«, triggerte die Erfahrung der Kindheit, allein zu Hause sein zu müssen, während ihre Mutter auf die

Suche nach einem neuen Partner ging. Sie hatte wahnsinnige Angst, dass der Mutter etwas Schlimmes passieren könnte.

Wie sehr Claudia diese schmerzliche Erfahrung mit der Mutter auf Stefan projizierte, war ihr zunächst überhaupt nicht bewusst. Ihr Inneres Kind erwartete förmlich unbewusst, dass er sie im Stich lassen würde. Als es dann passierte, war die Ohnmacht ihm gegenüber genauso groß wie ihrer Mutter gegenüber. Doch wie ging es Stefan dabei?

Phase der Separierung bei Stefan

Auch Stefan kam auf Drängen von Claudia zur ersten Einzelsitzung zu mir. Er war sofort sehr offen und gestand mir gleich, wie sehr er in Bedrängnis war, weil Claudia sich jetzt von ihm trennen wollte. Ihre beste Freundin habe ihn zusammen mit seiner Freundin in der Sauna gesehen. Dadurch sei rausgekommen, dass er schon seit fünf Jahren eine heimliche Liebschaft mit ihr hatte. Er habe das eigentlich von Anfang an nicht gewollt. Aber da es in ihrer Beziehung immer weniger Zärtlichkeit und Sexualität gegeben hatte, seit sie das zweite Kind bekommen hatten, wurde er anfällig für die Zuwendung anderer Frauen. Claudia sei abends sehr müde, wenn er nach Hause kam. Und tagsüber würde sich alles um die Kinder oder ihren Job als Lehrerin drehen. Sie müsse entweder Unterricht vorbereiten oder Klausuren korrigieren.

Nun sei Claudia untröstlich. Sie würden jetzt auch getrennt schlafen. Und sie mache ihm Druck, dass er sein Verhältnis sofort beenden müsse, weil sie das nicht ertragen könne. Stefan saß bedrückt und verzweifelt vor mir und erzählte mir die Geschichte aus seiner Perspektive.

Stefan selbst hat eine Ausgrenzung in unserer gemeinsamen Arbeit nicht bestätigt. Es war nie seine Absicht, Claudia aus seinem Leben auszugrenzen. Im Gegenteil. Ihm fehlte sie sehr als Partnerin, weil Claudia neben ihrer Arbeit auch in der Beziehung zu den Kindern aufging. Und irgendwie schafften sie es bis zu unserer Therapie noch nicht allein, Schutzräume für ihre Paarbeziehung zu gestalten.

Claudia wollte immer für die Kinder da sein, weil sie selbst in ihrer Kindheit einen so massiven Mangel an Zuwendung erfahren hatte. Daher kam sie gar nicht auf die Idee, als die Kinder noch kleiner waren, sich mal Hilfe zu suchen, um wieder mehr Zeit mit Stefan allein zu verbringen. Und Stefan seinerseits empfand sich ohnmächtig, ihr sein Bedürfnis nach mehr Beziehungszeit mitzuteilen, weil sie so sehr mit ihrer Mutterrolle identifiziert war und die Kinder über die Beziehung stellte.

Das Leben mit den Kindern hat bei Claudia zu einer Krise geführt, da sie sich unbewusst mit alten Gefühlen ihrer Kindheit identifiziert hat. Man könnte auch sagen, dass sie sich unbewusst in die Rolle einer Supermama verstrickt hatte, damit es ihren Kindern besser gehen sollte als ihr selbst als Kind.

In Stefan sah sie eher ihre eigene Mutter, von der sie sich so vernachlässigt gefühlt hatte. Er hatte jetzt – aus ihrer Perspektive – die Kinder auch zu wenig im Blick. Damit war Stefan chancenlos, sich für seine Bedürfnisse Gehör zu verschaffen. Und gleichzeitig kränkte es ihn, dass Claudia seine Vaterrolle damit entwertete. Denn auch er liebte seine Kinder sehr. Nur stellte er sie nicht über die Partnerschaft zu Claudia.

Blicken wir einmal in Stefans Kindheit, um sein Verhalten besser zu verstehen. Stefan wuchs zusammen mit seinen Eltern und Großeltern in einem gemeinsamen Haushalt auf. Die Hauptbezugspersonen waren die Mutter und die Oma, die ihn beide auf unterschiedliche Weise sehr liebten. Er erfuhr viel Aufmerksamkeit. Die Mutter kochte jeden Tag und backte leckere Kuchen. Bei der Oma fand er nachts Zuflucht, wenn die Mutter abends mit dem Vater spontan ausging und er überraschend wach wurde. Das löste jedes Mal Panik in ihm aus, woraufhin er weinend zur Oma lief, die ihn tröstend in ihre Arme nahm, wo er sich wieder beruhigen konnte (Co-Regulation nach Porges). Er durfte jedes Mal bei ihr schlafen. Und am nächsten Morgen wachte er in Omas Bett wieder auf, als die Mutter auch wieder für ihn da war.

Aber es war auch dieselbe Oma, die ihn, wenn er ihren Anweisungen nicht folgte oder die Erwartungen nicht erfüllte, in den dunklen Keller oder in die Gästetoilette einsperrte. Das führte zu einer erheblichen Ambivalenz in der Beziehung.

Seine Mutter gab ihm keine ausreichende Sicherheit, weil sie häufig unerwartet verschwand. Und die geliebte Oma verurteilte ihn für seine Kapriolen und schloss ihn ein.

In unseren Therapiestunden erkannte er für sich, wie sich diese Prägung seiner Kindheit auf seine Beziehungswelt ausgewirkt hatte. Er hatte kein Vertrauen zu Frauen. Infolgedessen fürchtete er, überraschend im Stich gelassen zu werden. Und um dieser Not zu entgehen, brauchte es »Omas«, die ihn tröstend auffingen, wenn er litt.

Durch die strenge Verurteilung der Oma projizierte er diese strenge Verurteilung aber auch auf seine Partnerinnen. Er erkannte weiter, wie sehr diese schicksalshafte Prägung seiner Kindheit einen Grundstein dafür gelegt hatte, dass er immer wieder parallele Beziehungen lebte, auch wenn er das willentlich nicht anstrebte.

Doch inzwischen war er es mit Mitte fünfzig müde geworden, sich in Lügengeschichten zu verstricken. Allmählich machten sich auch körperliche Symptome bemerkbar, er hatte unangenehme Hautausschläge und sein Blutdruck erhöhte sich, was anfing, ihn zu beunruhigen. Eines Tages kam er und berichtete, dass er zufällig einen Song im Radio gehört habe, der perfekt zu dem passte, was er empfand. Es ging dabei um das »Grauen zwischen Männern und Frauen, um Frauen, die anderen Frauen die Männer klauten, und um Männer, die an diesen Frauen nur ihren Frust abbauten«.

Der Kontakt zu seinem Inneren Kind wurde ein zentraler Schlüssel für das Verständnis seiner aktuellen Lebenssituation. Ihm war nicht bewusst, dass die Erfahrung dieser beiden weiblichen Bezugspersonen seiner Kindheit die Ursache dafür war, dass er sich immer abhängig machte von der Zuwendung durch Frauen.

Da er Claudia wirklich liebte und mit ihr zwei Kinder hatte, gab es schließlich ein echtes Erwachen in ihm. Ihm wurde klar, dass er die Gestaltung seiner Beziehung endlich selbst in die Hand nehmen musste. Der Automatismus der Kindheit war der, dass immer eine Frau für ihn da war und sich gerne um ihn kümmerte. Doch jetzt wurde es ihm selbst zur Belastung, sein Leben mit zwei Frauen zu gestalten. Es wurde auch schwieriger, weil seine heimliche Geliebte ihn zunehmend drängte, dass er sich outen müsse. Sie sei die Heimlichkeit ihrer Beziehung leid. Aber Stefan wollte sich nicht outen und er traute sich nicht, die Beziehung zu beenden.

Auch wollte er Claudia nicht länger hintergehen, seit sie angefangen hatte, ihm mehr aus ihrer Kindheit zu erzählen. Er hatte das Ausmaß der Kränkung, die es für sie bedeuten würde, wenn er eine Liebschaft neben ihr hätte, unterschätzt. Die Nöte, die sie als Kind durch die Ausgrenzung der Mutter mit dem Stiefvater erlitten hatte, konnte er gut nachfühlen. Und er schämte sich massiv dafür, sie jahrelang belogen zu haben.

Dass sein Verhältnis jetzt auf diese Weise rauskam, erschien ihm auf einmal wie ein unglücklicher Lösungsversuch. Er hatte es eigentlich stets vermieden, mit der Geliebten in die Öffentlichkeit zu gehen. Aber sein innerer Druck wurde so unerträglich, dass er es förmlich drauf angelegt hatte, dass sein Verhältnis auf Umwegen aufflog. Gegenüber der Geliebten fühlte er sich bisher zu schwach, die Beziehung zu beenden.

Im Kontakt mit seinem Inneren Kind war er ganz betroffen, wie ärgerlich der kleine Stefan auf ihn war, dass er sich immer noch so von den Frauen manipulieren ließ und ihn dabei vernachlässigte. Ein wütendes Inneres Kind vorzufinden, hatte Stefan wachgerüttelt, dass es jetzt an der Zeit war, die Verantwortung endlich selbst für das Sicherheitsgefühl seines Inneren Kindes zu übernehmen. Und das nicht mehr bei irgendwelchen Frauen zu suchen, die es ihm am Ende gar nicht geben konnten. Im Gegenteil.

Er spürte zum ersten Mal als erwachsener Mann das Ausmaß der Not seines Inneren Kindes über die Erfahrung des Verlassenwerdens durch die Mutter. Da er schon früh gelernt hatte, bei der Oma Trost zu finden, gab es nur eine geringe Schwelle für ihn, dieses Prinzip auch im erwachsenen Leben fortzusetzen.

Über seinen Vater berichtete er, dass er sowohl ein Held als auch ein großes Vorbild für ihn war. Andererseits gab es auch da ein Beziehungsrätsel, weil er vor seiner Mutter bereits einmal verheiratet gewesen war. Darüber sprach der Vater jedoch nie, was sich für Stefan wie eine offene Rechnung und auch ein Familientabuthema anfühlte.

Alles in allem hatte auch Stefan einiges aus seiner Kindheit aufzuarbeiten. Mutter, Großmutter und Vater hatten ihre Spuren hinterlassen, die nun im Erwachsenenalter seine Beziehungsfähigkeit beeinflussten. Nicht nur Claudia übertrug Gefühle aus ihrer Kindheit, die sie ihren Eltern-Introjekten gegenüber empfand, auf Stefan, sondern auch er machte das, ohne sich dessen bewusst zu sein.

Von Fremdbestimmung zu Heilung

Was Claudia und Stefan hier erlebten, nannte Sigmund Freud den Wiederholungszwang. Ohne es zu merken, reinszenieren wir mit neuen Bezugspersonen die Situation unserer Kindheit. In der Tiefenpsychologie nennen wir es das Wirken der Komplexe. Und aus neurobiologischer Sicht bezeichnen wir dasselbe Phänomen heute als neuronale Netzwerke. Darin ist ein Konglomerat von Gefühlen, Glaubenssätzen und Körperempfindungen gespeichert.

Wie »ferngesteuert oder fremdbestimmt« gestalten diese inneren Netzwerke des Inneren Kindes in Wechselwirkung mit den verinnerlichten Eltern die aktuelle Lebenssituation. Es gibt zunächst meistens kein Bewusstsein darüber. Erst unser Leiden an emotionalen Missständen lässt uns aus unserem seelischen Tiefschlaf erwachen. Ohne das Leiden würden wir nicht aufwachen. Erst wenn wir das Leiden akzeptieren und neugierig darauf werden, was das Leben mit uns vorhat, statt dem Leben etwas aufzuzwingen, werden Entwicklung und Veränderung möglich. Das Leiden zwingt uns dazu, unsere Lebensform zu hinterfragen.

Das Heilende an einer solchen Erfahrung kann darin bestehen, dass wir es zunächst einmal erkennen. Über das Bild des Inneren Kindes können wir einen direkten Zugang zu einem neuronalen Netzwerk im Gehirn bekommen, wo eine belastende Erfahrung sitzt, die uns bisher unbewusst war. Als Nächstes braucht es ein Bewusstsein, das frei von Bewertungen und Identifikationen ist, um über das Bild des Inneren Kindes einen inneren Dialog in Gang zu bringen, der dieses neuronale Netzwerk berührt.

Dieser Dialog mit dem Inneren Kind hat eine mächtige, komplexe psychische und physiologische Wirkung und trägt zur Selbstregulation im ganzen Menschen bei. Bessel van der Kolk berichtet in seinem Buch »Das Trauma in dir«[21] von eindrucksvollen Studien, die nachweisen konnten, wie wichtig und heilsam vor allem der Ausdruck von Gefühlen zu belastenden Erfahrungen ist, gleichermaßen wenn wir sie aufschreiben oder aussprechen. In der Psychosynthese wird seit jeher sehr viel geschrieben. Ursprünglich hatte das einen pragmatischen Hintergrund, weil Roberto Assagioli am Ende seines Lebens schwerhörig wurde. Daher mussten ihm seine Klienten und Schüler ihre Anliegen aufschreiben, auf die er dann aber mündlich antwortete. So konnten alle Beteiligten entdecken, welchen heilsamen Effekt das Schreiben hatte.

In meiner Inneren-Kind-Arbeit spielt das Schreiben auch eine große Rolle, vor allem in meinen Seminaren. In der Einzelarbeit starte ich den Prozess allerdings mit dem akuten Gefühl des Klienten, das er oder sie körperlich darstellen soll. Dabei ist es wichtig, sich ganz von innen leiten zu lassen und zu schauen, in welche Position der Körper sich begeben will, um sich mit dem Gefühl in Einklang zu bringen. Das meint, dass sich das Gefühl dann in einer spezifischen Körperhaltung ausdrückt. Indem wir dem Körper dabei die Regie überlassen, auf das Gefühl zu antworten, entsteht eine unwillkürliche Gebärde. In dem Moment, wenn wir in dieser Gebärde ankommen, kann das Bewusstsein darüber erwachen, dass diese Körperhaltung mit dem Gefühl einhergeht. In der Regel kennt der Klient diese Position.

Dann stelle ich gern meine klassische Frage: »Kennst du dieses Gefühl aus deinem Leben?« Darauf gibt es fast immer ein verlässliches »Ja!« als Antwort. Und meist führt dieses Gefühl direkt in die Kindheit. Der Klient erinnert sich mit sehr großer Wahrscheinlichkeit an ein Erlebnis aus der Kindheit, das repräsentativ für dieses von ihm verkörperte Gefühl steht. In inneren Bildern sieht er oder sie sich meistens mit einer frühen Bezugsperson wie der Mutter, der Oma, dem Vater, einer Tante oder in selteneren Fällen auch in einer Schulsituation mit einem Lehrer oder einer Lehrerin. Häufig aber auch ganz allein.

Dazu passt ein Beispiel aus meiner Praxis gut. Eine Klientin kam zu mir, weil sie sich in der Beziehung mit ihrer Partnerin so allein fühlte. Alle ihre Bemühungen, mehr Körperkontakt und Zärtlichkeit mit ihrer Freundin zu teilen, liefen immer wieder ins Leere. Um den Ursprung dieses Gefühls zu erkunden, ließ ich sie eine Körperhaltung für ihr Gefühl der Einsamkeit in der Beziehung einnehmen. Dabei sackte sie auf dem Stuhl immer mehr in sich zusammen. Sie ließ den Kopf hängen und rutschte mit ihrem Gesäß bis an die Stuhlkante. Ich lud sie ein, sich zu fragen, woher sie dieses Gefühl aus ihrem Leben kannte.

Spontan tauchte ein Erinnerungsbild aus der Kindheit auf, in dem sie sich als kleines Mädchen allein auf dem langen Flur in der Wohnung der Kindheit wiederfand. Sie fühlte sich sehr einsam und leer. Ihre Mutter sei manisch-depressiv gewesen. Und mit ihren fünf Kindern war sie allemal überfordert. Obwohl sie physisch da war, sei sie aber für meine Klientin seelisch nicht erreichbar gewesen.

Sie erkannte, wie sie in der Partnerschaft die verdrängten Gefühle ihrer Kindheit wiedererlebte und auf ihre Partnerin projizierte. Jedes Mal, wenn ihre Freundin für sie nicht erreichbar war, triggerte das ihre alte Wunde der Kindheit, dass ihre Mutter für sie nicht erreichbar war.

Die Hinwendung zu ihrem kleinen Mädchen auf dem langen Flur fiel ihr sehr leicht und sofort entstand ein Gefühl der Verbundenheit. Das, was sie theoretisch schon lange verstanden hatte, dass sie sich selbst liebevoller zuwenden müsste, wurde über den Kontakt zu ihrem Inneren Kind auf einmal erfahrbar.

Es war im weiteren Therapieverlauf die Verbundenheit mit ihrem Inneren Kind, die sie ermutigte, sich schließlich von ihrer Partnerin zu trennen.

Nicht immer führt die Verbundenheit mit dem Inneren Kind zu einer Verbesserung der Partnerschaft. Es kann durchaus, wie in diesem Fall, auch passieren, dass die Verbundenheit mit dem Inneren Kind erst die Stärke im Ich des Klienten weckt, eine Trennung zu wagen. Eine solche Trennung hat dann vor allem einen befreienden Effekt. Trennungen, die nicht im Einklang mit dem Inneren Kind – als Ausdruck unserer Selbstliebe – vollzogen werden, ziehen oft noch eine lange Leidensphase nach sich.

Wenn du jetzt für dich selbst herausfinden möchtest,

wer oder was sich hinter deinem Gefühl der Trauer, der Einsamkeit oder deinem Leiden generell in deiner Partnerschaft verbirgt, ist (therapeutisch) bedeutsam, dass du dir dies aus der Perspektive eines erwachsenen Beobachters anschaust. Wenn dir das gelingt, dann hast du dich bereits von den Gefühlen deiner verletzten Seite, oft das Innere Kind, disidentifiziert. Das ist ein erster wichtiger Schritt, um aus der Haltung eines liebevollen erwachsenen Ichs mit diesem Kind im Inneren einen Dialog beginnen zu können. Für die Wirksamkeit dieses Dialoges ist es wichtig, das Kind im Inneren auf deine Fragen antworten zu lassen. Das macht die dialogische Achtsamkeit aus.

Theorie zur Phase der Separierung

Die Phase der Separierung in der Beziehungsentwicklung wirft beide Partner auf sich selbst zurück. In diesem Entwicklungsabschnitt geht es darum, Seiten von uns in das Leben zu integrieren, die bisher innerhalb der Beziehung keinen Platz gefunden haben.

Die beiden ersten Phasen drehen sich ganz um die Etablierung der Partnerschaft und das Individuum spielt kaum eine Rolle, während hingegen die Separierungsphase eine Zeit ist, in der sich auch wieder individuelle Interessen bemerkbar machen.

Ich selbst erinnere mich in meinem Leben daran, dass ich mich in dieser Phase meiner Beziehungsentwicklung regelrecht in ein Klavier »verliebt« hatte. Ich nahm endlich die Klavierstunden bei einer russischen Konzertpianistin, von denen ich in meiner Kindheit geträumt hatte. Ich war so beeindruckt durch ihr leidenschaftliches, emotionales und ausdrucksstarkes Spiel, dass ich das auch unbedingt lernen wollte. Mit ihrer Anleitung fiel es mir leicht zu üben, sodass ich manchmal unermüdlich drei Stunden lang am Klavier sitzen konnte. In dieser Zeit sagte mir mein Partner öfters: »Manchmal wäre ich gerne dein Klavier.« Ich spürte damals, dass das Klavierspielen etwas ganz Eigenes war, was ich als Gegengewicht zu vielen anderen Rollen in meinem Leben dringend als Ausgleich brauchte. Es nährte mich, dass ich für mich einen Kanal gefunden hatte, in dem ich meine zarten und schmerzlichen Gefühle, für die ich manchmal keine Worte fand, frei fließen lassen konnte. Das gab mir ein tiefes Gefühl der Zufriedenheit und stärkte mich in meiner Identität. Außerdem öffnete mir dieser Kontakt eine lang vermisste Tür zur Welt von Kunst und Musik, wodurch ich mich inspiriert fühlte. Meinem Partner wurde ich in dieser Zeit dadurch ein kraftvolleres Gegenüber.

Claudia erlebte diese Neigung, etwas Eigenes zu suchen, mehr bei Stefan und weniger bei sich. Daher erlebte sie diese Phase auch als bedrohlich. Dennoch war es auch die Zeit, in der sie mit der Therapie begann und anfing, sich bewusster mit ihrer eigenen Geschichte zu beschäftigen. Solange alles »gut funktioniert« hatte, hatte sie sich mit Stefan sicher gefühlt und noch nicht angefangen, über ihre Kindheit nachzudenken. Aber der Umstand, dass sie sich zeitlich so oft von ihm getrennt fühlte, seit sie die Kinder hatten, brachte sie in Kontakt mit der Verunsicherung ihrer Kindheit.

In der Kindheit lernen wir mit unseren frühen Bezugspersonen eine Sprache der Liebe, die sich in Form bestimmter Beziehungsmuster tief im Gehirn einprägt. Und später übertragen wir diese frühen Erfahrungen auf unsere engsten Bezugspersonen sowie Partner und Partnerinnen.

An Claudias Beispiel können wir sehen, wie sie das Verlassenwerden durch ihre Eltern auf Stefan überträgt. Obwohl er das gar nicht so erlebt. Er glaubt, für die Familie zu handeln. Aber Claudia interpretiert sein Verhalten unbewusst als ausgrenzend.

Das führt uns zu Stephen Porges und der Neurozeption, also der unbewussten Auslegung von Situationen und ihrer

Reaktion darauf, zurück. Das Gehirn ist immer damit beschäftigt, zu überprüfen, ob wir uns in unserem Leben in Sicherheit fühlen oder nicht. Entsprechend werden unsere Abwehrmechanismen wie Kampf, Flucht, Tarnung, Untertauchen bzw. »Totstellen« aktiviert, was zu schwierigen und destruktiven Interaktionen führen kann.

Im Fall von Claudia war es der Kampfmodus. Sie fing an, Stefan zu kritisieren, weil sie sich aus seinem Leben ausgegrenzt fühlte.

Auch wenn Claudia in diesem konkreten Fall letztendlich recht hatte, erfuhr ich später aus der Therapie mit Stefan, dass sie bereits früher dieses Misstrauen gehegt hatte, nämlich in einer Zeit, bevor Stefan seine Geliebte hatte.

Claudias Misstrauen hatte die Beziehung zu Stefan schon lange vorher belastet, wodurch er erst für die Zuwendung vonseiten anderer Frauen empfänglich wurde.

Wenn wir nicht aktiv unser Bewusstsein einschalten und hinterfragen, kann es leicht passieren, dass Kontexte falsch interpretiert werden. Ohne den anderen zu fragen, unterstellen wir möglicherweise, dass dem anderen etwas anderes wichtiger wäre als wir, »nur« weil unser Gehirn das so ausgelegt hat. Eine bewusste Überprüfung könnte dazu führen, dass wir erkennen können, wie es wirklich ist. Das nennt Stephen Porges die »Perzeption«, die bewusste Einschätzung einer Situation.[22]

In dem Moment, als Claudia ihr Inneres Kind auf dem eigenen Schoß sitzen hatte, konnte sie erkennen, Stefan in vielem unrecht zu tun. Solange sie sich aber unbewusst mit ihrem verlassenen Inneren Kind identifiziert hatte, fühlte sie sich von Stefan aus seinem Leben ausgegrenzt. Vor allem war sie auch nicht imstande, ihm ihre Verletztheit durch den Vertrauensbruch zu zeigen. Stattdessen attackierte sie ihn oder brach den Kontakt ab. Ihm ihren Schmerz und ihre Sehnsucht nach mehr Kontakt mit ihm zu zeigen, wodurch wieder eine Verbindung entstehen könnte, musste sie erst lernen.

In dieser Phase der Separierung kommt es häufig zu Trennungen, wenn es um eine Balance zwischen Partnerschaft (Bezogenheit) und Individualität (Autonomie) geht. Die wenigsten Menschen haben das in der Kindheit gelernt.

Entweder ist durch die biografische Prägung die Seite der Autonomie dominant. Dann stehen Freiheit und das Streben nach eigener Entfaltung im Vordergrund. Partnerschaft wird dann oft unbewusst als ein Ort der Erfüllung eigener Bedürfnisse verstanden, aber weniger als ein Ort der gemeinsamen Entwicklung. Nicht zuletzt hat das biografische Ursachen, wenn die Bindung an die Eltern verunsichernde Komponenten hatte und nicht als sicher erfahren wurde. Konkret gab es oft Kontaktabbrüche im Streit, Verabredungen, die nicht eingehalten wurden, oder überraschende kurzfristige oder längere Trennungen zwischen Eltern und Kind. Die Betonung der Autonomie schützt in diesem Fall vor erneuter Abhängigkeit, die die Gefahr von Verletzung und Enttäuschung in sich birgt.

Oder wenn die Partnerschaft unbewusst im Vordergrund des Lebens steht, dann geht es oft um das Bemühen um den anderen und um sein oder ihr Wohl. Nicht zuletzt beruht das aber auf der Hoffnung, dafür geliebt zu werden. Biografischer Hintergrund ist entweder die Erfahrung, für die Erfüllung von Erwartungen geliebt worden zu sein, oder ein Liebesmangel in der Kindheit, der dazu führt, alle Anstrengungen aufzubringen, um endlich geliebt zu werden. Dieser Mangel geht in der Regel auch mit einem geringen Selbstwertgefühl einher.

Die eigene Entfaltung bekommt dann nicht so viel Beachtung, weil dafür oft nur ein geringes Bewusstsein herrscht. Das konnten wir am Beispiel von Claudia beobachten. Sie funktionierte im Job, gab alles für ihre Kinder und unterstützte Stefan noch in seiner Arbeit. Wie wenig Raum es für die Bedürfnisse ihrer Seele und die Begegnung mit Stefans Seele gab, bemerkte sie erst in der Therapie.

Eine gelingende Phase der Wiederannäherung setzt voraus, dass zunächst die Separierungsphase gelingt. Separierung im Unterschied zum Begriff der Trennung meint, dass die beiden Partner sich aus ihrem destruktiven Beziehungsmuster verabschieden. Dafür muss sich jeder seiner eigenen inneren Situation bewusst werden. Ansonsten, sagt C.G. Jung, wird sie zum Schicksal.

Auf Claudia angewandt, wurde ihr ihre »innere Situation«, sich aus dem Leben der Eltern ausgegrenzt gefühlt zu haben, erst dadurch bewusst, dass sie gerne öfter abends mit Stefan zusammen gewesen wäre. Wegen der Kinder saß sie aber in der Regel allein zu Hause. Dass sie das als »Ausgrenzung« erlebte, ist die unbewusste Verrechnung ihres Gehirns, im Sinne der Neurozeption von Stephen Porges. Eine andere Mutter mit einem anderen biografischen Hintergrund und mehr Selbstbewusstsein könnte auch überglücklich sein, mit Stefan zwei großartige Kinder zu haben und in ihm einen engagierten Vater sehen, der seine Kinder wirklich liebt. Denn objektiv betrachtet, ging Stefan nur zu seiner Arbeit.

An dieser Stelle brauchte es für Claudias Heilungsprozess zum einen mehr Selbstliebe, die sie über die Beziehung zu ihrem Inneren Kind entwickeln konnte. Und auf der anderen Seite brauchte es eine dialogische Achtsamkeit[23] im Umgang mit Stefan. Das bedeutete, dass beide lernen mussten, sich authentischer mit ihren Gefühlen und Bedürfnissen zu zeigen.

Da nur wenige Menschen der Nachkriegsgenerationen gelernt haben, ihre Gefühle zu zeigen, und erst heute ein Bewusstsein über die Bedeutung unseres Gefühlsausdrucks entsteht, begegnet mir dieses Phänomen in sehr vielen Paartherapien. In meinem Seminar »Reden allein reicht nicht – Dialogische Achtsamkeit in der Beziehung« konnten bereits viele Paare lernen, offener über ihr inneres Erleben zu sprechen und dadurch mehr Nähe im Kontakt mit sich selbst und in der Partnerschaft zu erzeugen.

Im Unterschied zur Separierung hat eine richtige Trennung zur Folge, dass die Partner tatsächlich danach getrennte Wege gehen. In der Separierung entdeckt jeder Einzelne für sich mehr Einfühlung in die eigene innere Situation (Impathie). Methodisch funktioniert das in meinem therapeutischen Ansatz über die Verbindung zum Inneren Kind. Wenn beide Partner lernen, für die eigenen Unsicherheiten und Nöte aus der Kindheit selbst die Verantwortung zu übernehmen, dann gibt es keine schwierigen Übertragungen mehr von unterschwelligen gegenseitigen Erwartungen.

Auf die Partnerschaft von Claudia und Stefan bezogen heißt das, dass Stefan lernen musste, mehr für seine Beziehungsbedürfnisse einzutreten und sich damit offen zu zeigen, anstatt bei seiner »Oma« in einer Liebschaft Zuflucht zu suchen. Aus der Kindheit gab es Erfahrungen, die im Gehirn zu folgender neuronaler Verschaltung geführt hatten: »Wenn ich mich von Mama im Stich gelassen fühle, gehe ich zur Oma ins Bett. Sie tröstet mich über meinen Schmerz hinweg, bis Mama wieder da ist.«

Stefan hatte bis zu dieser Krise mit Claudia nicht lernen müssen, seine emotionalen Bedürfnisse nach Kontakt, Nähe, Zärtlichkeit und Sexualität benennen zu müssen. Aber nur solange er keine Kinder hatte. Die Kinder waren in dieser Krise ein mächtiger Klebstoff. Er wollte seine Familie nicht verlassen. Claudias Androhung einer Trennung versetzte ihn in eine ähnliche Panik wie damals, wenn seine Mutter nachts plötzlich nicht mehr da war.

Nun bekamen die Kinder eine besondere Rolle. Zunächst waren sie die Frucht der Liebe von Claudia und Stefan. Dann konnte Claudia in ihrer Rolle als Mutter ihren Kindern endlich alles geben, was sie als Kind selbst nicht bekommen hatte. Dadurch entwickelten sich die Kinder prächtig. Und auch Stefan liebte es, seinen Spieltrieb mit seinen Kindern auszutoben.

Gleichzeitig verloren die beiden die Partnerschaft aus dem Blick. Claudia, die mehr Zeit mit den Kindern verbrachte, kam über das viele Alleinsein, vor allem abends und an den Wochenenden, mit der Einsamkeit ihrer Kindheit, der Verlassenheit durch ihre Mutter in Kontakt. Und Stefan empfand diese Einsamkeit, wenn Claudia spätabends oft schon schlief, wenn er nach Hause kam. So projizierte er unbewusst seine unberechenbare Mutter, die manchmal verschwand, auf Claudia. Da er in seiner Arbeit von vielen Frauen umworben wurde, brauchte er sich nicht sehr zu bemühen, um Trost bei anderen Frauen zu finden. Er hatte sich eine Lebenssituation geschaffen, in der er förmlich nur so von »tröstenden Omas« umgeben war.

Unter Androhung der Trennung von Claudia gab es jedoch ein Erwachen in ihm. Und er spürte auf einmal, wie viel ihm Claudia und die Kinder bedeuteten, wie sehr er sie alle liebte. Und er wollte seine Familie auf keinen Fall verlieren.

Vor der Beziehung mit Claudia, und vor allem vor den Kindern, fiel es ihm nicht schwer, sich zu trennen, weil es immer Frauen gab, die ihn begehrten. Die neue Herausforderung in seinem Leben war es, echte Liebe von Begehren zu unterscheiden und beides zusammenzubringen. Darauf möchte ich später im Kapitel »Liebe und Sexualität« noch einmal zurückkommen.

Claudia ihrerseits musste lernen, dass die Ausgrenzung durch die Eltern der Vergangenheit angehörte. Diese Erfahrung der Kindheit war der Nährboden für ihre Eifersucht. In dem Maße, wie ihre Mutter den Stiefvater ihr gegenüber am Wochenende vorgezogen und er – von jetzt auf gleich – ihren Platz zum Kuscheln in Mutters Bett eingenommen hatte, fühlte Claudia sich ausgegrenzt. Darüber konnte sie als Kind nie Wut oder Ärger verspüren, sondern nur Ohnmacht und Erstarrung. Der Neurobiologe Gerald Hüther sagt, dass Ausgrenzung im Gehirn dasselbe Areal aktiviert wie physischer Schmerz. Das Gefühl, das Claudia damals nicht benennen konnte, äußerte sich bei ihr deshalb in chronischen Kopfschmerzen.

Das Drama dieser Prägung reinszenierte sie unbewusst in ihrer Partnerschaft mit Stefan. Jedes Mal, wenn sie erlebte, wie Stefan sich in seiner Yogaschule intensiver mit anderen Frauen beschäftigte, triggerte das bei ihr diesen Kindheitskomplex der Ausgrenzung. Das, was sie als Kind nicht fühlte, fühlte sie jetzt. Und die Wut, die eigentlich der Mutter hätte gelten müssen, die sie ursprünglich im Stich gelassen hatte, ließ sie als erwachsene Frau an Stefan aus, indem sie ihn immer wieder heftig angriff und ihm Vorwürfe machte, dass er andere Frauen wichtiger nähme als sie.

Stefan seinerseits erlebte diese Wutattacken von Claudia wie die Verurteilungen seiner geliebten Oma für sein »Fehlverhalten«, die ihn ins Klo oder in den dunklen Keller gesperrt hatte. Dadurch lernte Stefan schon früh, Dinge zu verheimlichen, weil er sonst schon wieder die nächste Strafe fürchten musste.

Durch die Einzeltherapie beider konnten sie sich der Zusammenhänge bewusst werden. Beide entdeckten, dass die Partnerschaft zum Austragungsort ungelöster Kindheitskonflikte geworden war. Sie wurden sich einig darüber, wenn sie ihre Liebe retten wollten, dass sie beide der Partnerschaft wieder mehr Aufmerksamkeit schenken mussten, anstatt ihren Kindern oder der Arbeit Priorität zu geben.

Phase 4: Die Wiederannäherung

Die Phase der Wiederannäherung stellt sich in der Beziehung in der Regel dann ein, wenn sich beide Partner als Individuen in der Krise gestärkt haben. Das gelingt, wie wir sehen werden, durch eine sichere Verbindung zwischen dem Inneren Kind und dem (erwachsenen) Ich-Bewusstsein. Dadurch wird die »Eigendrehung des Einzelnen« stärker und die psychische Belastbarkeit, auch Resilienz genannt, größer. Heute gibt es zunehmend wissenschaftliche Studien, die sich damit beschäftigen, was die Resilienz des Menschen stärken oder schwächen kann. Innere-Kind-Arbeit stärkt sie nachweislich.

Vor dem Hintergrund, dass Claudia und Stefan erkannt hatten, wie sehr ihre ungelösten Konflikte aus der Kindheit ihre Beziehung belasteten, gestalteten wir eine erste Paarsitzung in Richtung Wiederannäherung. Im Rahmen dieser lud ich die beiden zu einer Imaginationsübung als Einstimmung ein, bei der es darum ging, ein gemeinsames Ziel oder einen gemeinsamen Wunsch für ihre Zukunft als Paar zu finden. So eine Imagination zielt darauf ab, die jeweils individuelle Situation symbolisch zu erfassen, um einen Zugang zum Unbewussten zu bekommen. Durch die Einbeziehung innerer Bilder und Symbole entsteht etwas mehr Abstand zu den emotionalen Verwicklungen. Das unterstützt einen Reflexionsabstand, um mit dem Konflikt besser umgehen zu können.

Diese Anleitung kannst du auch für dich selbst in deiner Partnerschaft nutzen, um miteinander auf einer tieferen Ebene in einen Dialog zu kommen. Im Anschluss daran lasse ich dich teilhaben an dem berührenden Dialog, den Claudia und Stefan auf der Basis derselben Anleitung geführt haben.

Übung: Wiederannäherung

Der Beziehungswunsch / das aktuelle Ziel:
Zur Einstimmung in den Prozess ist es sinnvoll, sich einander gegenüberzusetzen, dann zunächst einen Moment mit geschlossenen Augen den Körper zu spüren und sich bequem zurechtzurücken.

Wenn ihr bereit seid, könnt ihr euch jetzt fragen, welchen Wunsch jeder von euch für eure aktuelle Beziehungssituation hat.

Angenommen, ihr würdet euch diesen Wunsch erfüllen können, wie würde sich das anfühlen? Findet dafür eine Körperhaltung/Gebärde, die ausdrückt, wie sich diese Wunscherfüllung anfühlt.

Während ihr noch in dieser Körperhaltung seid, sagt euch jeder für sich tief innen drin: »Ich will jetzt ein Bild oder Symbol sehen, das für diese Wunscherfüllung steht.«

Wenn ihr ein Symbol vor eurem inneren Auge habt, spürt die Qualität, die von diesem Symbol ausgeht, und lasst es einen Moment körperlich wirken. Dann setzt das Symbol innerlich vor euch ab.

Das Hindernis:
Was steht euch im Weg, das zu leben, was ihr euch wünscht, euren Wunsch miteinander zu verwirklichen? Welche Erinnerungsbilder aus dem Alltag kommen euch dazu in den Sinn?

Spürt dieses Hindernis wieder im Körper und findet eine Gebärde dafür, in der sich das Verhindernde eurer Wiederannäherung ausdrückt.

Sagt euch tief innen drin: »Ich will ein Symbol für das Hindernis in mir sehen.« Lasst es unwillkürlich in euch aufsteigen. Wenn ihr ein Symbol habt, richtet euch aus der Körperhaltung wieder auf, schaut das Symbol innerlich an und spürt die Qualität, die davon ausgeht. Dann setzt auch dieses zweite Symbol wieder vor euch ab, nehmt einen tiefen Atemzug und lasst die Eindrücke gehen.

Die Polarität: Wunsch und Hindernis treffen sich

Stellt euch im letzten Schritt der Übung vor, dass sich vor eurem geistigen Auge eure beiden Symbole treffen. Wie begegnen sie sich? Nehmt euch dafür einen Moment Zeit, dass sich zwischen beiden Symbolen eine Interaktion ergeben kann, und beobachtet das so lange, bis euch die Dynamik zwischen den beiden deutlich geworden ist.

Wenn es sich irgendwann stimmig anfühlt, wieder in den Raum zurückzukommen, dann macht die Augen wieder auf und tauscht euch darüber aus, was ihr gesehen habt.

Sehen wir uns nun als Beispiel den Dialog von Claudia und Stefan an. Der Austausch der beiden begann mit einem Seufzer. Keiner wollte anfangen zu erzählen, was er innerlich erlebt hatte. Dennoch startete Stefan.

Stefan wünschte sich für die Beziehung rückhaltloses wechselseitiges Vertrauen, Glaubwürdigkeit und Aufrichtigkeit.

Sein Symbol dafür waren zwei fest miteinander verbundene Ringe, die man nicht auseinanderreißen konnte. Sein Hindernis auf dem Weg war der Vertrauensverlust, für den er als Symbol eine nebulöse Suppe sah.

Zur Begegnung der Symbole, also der fest miteinander verbundenen Ringe und der nebulösen Suppe, meinte er: »Sie haben sich nicht miteinander vertragen. Sie sind inkompatibel.«

Claudias Wunsch war es, sich wieder ganz zu fühlen.

Ihr Symbol dafür war ein Segelschiff auf See. Die Qualitäten waren Freiheit und Getragensein. Ihr Hindernis war ihre Angst, wieder enttäuscht zu werden. Als Symbol für diese Angst vor erneuter Enttäuschung sah sie einen Zaun, der Abstand garantierte. Er gab ihr Sicherheit.

Beide Symbole sind wie die zwei Seiten einer Medaille. So meinte Claudia zu Stefan: »Die Ringe sind mir zu fest verbunden. Das wäre zu schnell. Deine nebulöse Suppe: Da versteckt sich jemand dahinter.«

Er antwortete ihr: »Und das Segelschiff wird getragen von einem ruhigen See. Das ist deine Vision. Ich assoziiere eher einen stürmischen See. Und den Zaun erlebe ich als trennend. So nach dem Motto »Bis hierhin und nicht weiter!« Den überschreitet man nicht. Das sind die Spielregeln. Was mache ich jetzt mit dem Zaun?«

Claudia überlegte und sagte dann: »Ich stehe hinter dem Zaun. Ich sehe dich. Ich kann mit dir sprechen. Und ich kann dich berühren. Und ich fühle mich dahinter geschützt. Mir kann kein Hund in die Waden beißen.«

Die These, die ich daraus ableitete, lautet folgendermaßen: Die Symbole für das Hindernis sind aus der Wechselwirkung der beiden – aufgrund Stefans heimlicher Liebschaft und Claudias daraus resultierendem Vertrauensverlust – entstanden.

Ich fragte die beiden danach, wie die Symbole im Inneren entstanden sein könnten. Stefans Antwort kam prompt: »Der Zaun? Puh? Das ist ein Hinweis auf deinen Vertrauensverlust, Claudia.«

Um Stefan Gelegenheit zu geben, diese zentrale und ihm spürbar unangenehme Frage nach dem Vertrauen zu vertiefen, fragte ich weiter: »Meinst du, dass Claudia das Vertrauen zu dir verloren hat?«

Darauf antwortete Stefan, etwas beschämt auf den Boden schauend, aber dennoch entschlossen: »Ja!« Und nach einer Pause: »Im Beruf ist es oft endgültig vorbei mit dem Vertrauen. Dann kann man sagen: Das war's jetzt.«

Zum besseren Verständnis: In diesem Moment wurde Stefan bewusst, dass man auf einer beruflichen Ebene das Vertrauen der anderen verliert, wenn man über längere Zeit lügt. In einem Angestelltenverhältnis würde man sofort gekündigt werden.

Daher fürchtete er, dass Claudia sich trennen würde, wenn sie seine ganze Wahrheit erführe.

Claudia war aber zwischenzeitlich durch ihre eigene Therapie auf einer viel tieferen Ebene mit ihm angekommen und interessierte sich wirklich für das, was in ihm passierte.

Claudia schaltete sich nun wieder in das Gespräch ein: »Mich würde interessieren, wie es für dich ist, dass ich das Vertrauen verloren habe.«

Stefan brauchte nicht lange zu überlegen. Die Antwort zeigte sich ihm spontan in einem inneren Bild: »Das ist ein Scherbenhaufen. Wie eine zerschlagene Ming-Vase.«

Ich schlug eine Imagination vor: »Stellt euch vor, dass ihr innere Archäologen habt, und die würden diese kostbare alte chinesische Vase gemeinsam wieder zusammenbauen.«

Stefan erschrak: »Das ist eine Wahnsinnsarbeit!«

Claudia war berührt davon, dass in Stefan als Symbol für die gemeinsame Partnerschaft eine so kostbare Ming-Vase aus seinem kreativen Unbewussten aufgestiegen war. Ihr kamen die Tränen. Sie fühlte sich durch seine Außenbeziehung als Frau komplett entwertet. Über die Ming-Vase als Stefans Symbol für die gemeinsame Partnerschaft erkannte sie, dass die Beziehung zu ihr ihm doch sehr kostbar sein musste.

Ich fuhr fort: »Wie ist das für dich, Stefan, dass Claudia so berührt ist von der Kostbarkeit der Vase?«

Er sah Claudia eine Weile an und antwortete dann: »Sehr schön. Das berührt mich auch.«

»Dann stellt euch einmal vor, dass ihr beide innerlich den Scherbenhaufen der Ming-Vase anschaut. Was seht ihr da? Wie sieht der Scherbenhaufen im inneren Bild bei jedem von euch aus?«

Stefan meinte spontan: »Bei mir hat sich der Boden schon wieder zusammengebaut.«

Claudia bestätigte ihrerseits: »Bei mir sind auch schon wieder manche Teile zusammen.«

Ich fragte weiter: »Wie reagieren eure anderen Symbole, der Zaun und die nebulöse Suppe, als Ausdruck eurer Verhinderung darauf?«

Claudia reagierte als Erste auf die Frage: »Der Zaun biegt sich etwas in Richtung Stefan auf.«

Und Stefan meinte: »Mein Nebel lichtet sich. Da kommen auf einmal Sonnenstrahlen durch.«

Claudia wirkte nun etwas munterer. »Ich bin neugierig, was du dann siehst.«

Stefan ging sofort darauf ein und sagte: »Dann wird die Sicht klarer. Und ich halte dich so richtig innig in den Armen.«

Nun war ich neugierig, wie Claudia darauf reagieren würde. »Wie ist das für dich, Claudia, wenn Stefan dich innig in den Armen hält?«

Diese ließ einen tiefen Seufzer hören, bevor sie sprach. »Das spüre ich schon die ganze Zeit, dass Stefan den Wunsch hat, mir wieder nahe zu sein.«

Um eine Wiederannäherung nach dem Vertrauensverlust zwischen Claudia und Stefan zu ermöglichen, unterstützte ich hier vor allem Claudia, ihr Bedürfnis zu ergründen: »In seinem inneren Bild scheint dem nichts im Weg zu stehen. Aber was brauchst du, damit du dich in diese Richtung wieder öffnen kannst?«

Claudia seufzte erneut, hielt inne und schaute zu Stefan: »Ich brauche deine Anerkennung der Vergangenheit und eine Würdigung meines Leidens und meiner Schmerzen. Ich kann nicht einfach einen Schwamm darüberlegen. Ich brauche einfach Mitgefühl und Anerkennung. Das brauche ich.«

Stefan sah sie fragend an: »Ja, aber ich weiß nicht wie.«

Erklärend meinte Claudia: »Vielleicht auch einfach ein

Bekenntnis, dass du dazu stehst und aufhörst, es zu beschönigen oder zu rechtfertigen. Sondern dass du mir sagst, was es wirklich für dich war. Im Moment ist das alles diese nebulöse Suppe für mich.«

Er sah betreten zu Boden. Da er über sein eigenes Verhalten so beschämt war, lenkte er von sich ab und sprach weiter, ohne auf ihr Anliegen einzugehen. »Wenn sich der Nebel lichtet, dann sehe ich vor allem dich.«

Ich lud beide ein, noch tiefer zu gehen. »Stellt euch vor, dass ihr das potenzielle Liebespaar sehen würdet.«

Daraufhin schmunzelte Stefan: »Dann umarmen sich die beiden sehr innig.«

Nun sprach wieder Claudia: »Das ist schön, aber …« Mehr kam nicht von ihr.

Deshalb hakte ich nach. »Was brauchst du von Stefan, damit du dich auf eine innige Umarmung einlassen kannst?«

Claudia drehte sich zu Stefan, sah ihm in die Augen und sagte: »Ich brauche, dass du meine Schmerzen und mein Leiden würdigst und anerkennst. Ich brauche Mitgefühl und Anerkennung.«

Da Stefan nicht sofort antwortete, schaltete ich mich ein: »Kannst du ihr das geben?«

Stefan zögerte kurz, sagte dann aber mit fester Stimme: »Ja, ich kann dir das geben.« Mit diesem Satz hatte er sich wieder Claudia zugewandt.

Die war aber noch nicht überzeugt. »Das sagst du so. Ich brauche dein Bekenntnis zu dem, was denn bei dir war. Wo warst du in dieser Zeit? Für mich ist das auch Ausdruck der nebulösen Suppe. Mir fehlt das Hingucken, was da wirklich war. Ich brauche, dass du dich zu dieser Realität bekennst. Wie war das für dich? Was hast du gespürt? Das ist für mich der Nebel. Für mich ist das verborgen hinter einer Milchglasscheibe. Ich weiß nicht, was dahinter ist. Ich weiß nur, was passiert ist, aber nicht, was dich da angetrieben hat. Wo warst du in der Zeit?

Mir reicht keine Entschuldigung. Das war ja kein Irrtum. Für dich war das ja Realität. Ich habe den Eindruck, du willst das überspringen und das Schmerzhafte daran nicht berühren, sondern einfach mit mir wieder in das Schöne gehen. Sag es doch einmal und bekenne dich doch mal zu deiner Realität. Ich glaube, das würde mir helfen, damit besser klarzukommen. Mir fehlt das Hingucken, dass das für mich schmerzhaft war. Aber ich weiß nicht, ob du das verstehen kannst.«

Stefan schüttelte den Kopf und guckte zu Boden. »Nicht so ganz.«

»Was hast du denn verstanden, von dem, was ich jetzt brauche?«

»Die Beweggründe für meine Handlungsweise.«

Claudia war nicht zufrieden. Sie hatte es anders gemeint. »Nein, die Beweggründe weiß ich. Aber ich will wissen, wie es dir damals mit der Außenbeziehung gegangen ist. Was war vielleicht auch gut? Was hast du dir davon versprochen? Ich will wissen, was du gespürt hast. Ich kann es irgendwie nicht fassen. Das ist für mich der Nebel.«

Nun schaltete ich mich wieder ins Gespräch ein. »Was ist das Eigentliche, was du jetzt von Stefan brauchst?«

Claudia spürte in sich hinein, bevor sie antwortete. »Bisher habe ich dich immer angeklagt und du hast dich gerechtfertigt. Aber ich glaube, ich brauche jetzt ein Bekenntnis von dir dazu, dass du aus der Beziehung mit mir ausgestiegen bist. Denn bei uns war in der Zeit nichts mehr. Du hast mir zwar immer gesagt, ich sei das Wichtigste für dich. Aber das konnte ich nicht fühlen. Ich brauche einfach ein Bekenntnis von dir zu deiner Situation. Das ist es.«

»Das ist schwierig.« Stefan machte eine kleine Pause, dann sprach er weiter. »In der Außenbeziehung habe ich ein bisschen Abenteuer und Trost, aber auch männliche Bestätigung gesucht, weil wir immer weniger Kontakt und auch immer weniger Sex hatten. So fühlte ich mich auf der Beziehungsebene oft allein.

Aber sie war gar keine Alternative zu dir. Dann wurde die Beziehung furchtbar lästig und klebrig. Sie wollte mich immer mehr haben. Das war ein Mensch, der ständig nach Hilfe geschrien hat. Ich wurde da dringend gebraucht. Da musste ich ständig helfen. Zu Hause war alles so geordnet. Da wurde ich nicht gebraucht.

Aber ich bin immer wieder gerne nach Hause gekommen. Du warst dann auch noch die perfekte Mutter. Und ich fühlte mich oft als das dritte Kind.«

Ich wandte mich nun wieder an Claudia: »Wie geht es dir jetzt mit Stefans Antwort darauf, dass du ein Bekenntnis von ihm wolltest?«

Claudia richtete sich an mich: »Dass er in der Außenbeziehung gebraucht wurde, kann ich verstehen, weil sie eine Katastrophe nach der anderen produzierte. Das hat er mir gestern Abend erzählt, als wir zur Vorbereitung auf unsere Sitzung zusammen essen waren. Es war nicht der tolle Sex. Damit geht es mir jetzt besser. Ich fühle mich auch körperlich leichter.«

Das war das Ende der ersten gemeinsamen Sitzung. Sehen wir uns nun an, was aus psychologischer Sicht passiert ist:

In der Phase der Wiederannäherung war auf Claudias Seite das Wichtigste, dass Stefan ihr zeigen sollte, wo er seelisch in den fünf Jahren war, als er die Außenbeziehung führte. Während sie fantasierte, dass Stefan den Reiz dieser Beziehung in einer »besseren Sexualität« sah, stellte sich etwas anderes heraus: Er wurde von der anderen Frau gebraucht. Und zu Hause bei Claudia hatte er das Gefühl, nicht gebraucht zu werden.

Damit erfuhr sie eine Art »Reparatur« ihrer weiblichen Identität. In der Ming-Vase erkannte sie, dass sie für Stefan doch etwas sehr Kostbares war. Und da sie aus ihren Ängsten und ihrer Ohnmacht heraus auch nicht auf Stefan hatte zugehen können, waren die beiden auf der Beziehungsebene über Jahre wie in einem seelischen Tiefschlaf. Jetzt, wo die Kinder schon größer waren und wieder mehr Raum für die Partnerschaft entstand, erkannten sie beide, dass sie dafür aktiv werden mussten. Ein wichtiger Schritt, der ein neues seelisches Band knüpfte, war der Austausch über die Bedürfnisse. Durch ihre Einzelarbeit konnte Claudia sich nun viel besser spüren und zeigen.

Stefan war noch etwas unsicherer darin, sich zu sich selbst zu bekennen, aber er war willig, sich mit Claudia auf einen neuen Weg einzulassen. Und das spürte und erleichterte sie.

Phase 5: Die Liebe ist ein Kind der Freiheit

Diese letzte Phase in der Partnerschaftsentwicklung stellt eine Synthese dar. Auf diesem Level haben wir es geschafft, unsere individuellen Bedürfnisse und unsere eigene Bestimmung so zu integrieren, dass unsere Individualität nicht mehr im Widerspruch zur Beziehung steht. Wir sind über die Phase der Verliebtheit, in der wir vielleicht manches Fehlende aus unserer Kindheit nachholen konnten, heiler geworden. Wir haben uns in der Pantoffelphase mit dem Du in einem eigenständigen erwachsenen Leben eingerichtet. In der Phase der Separierung sind wir uns unserer selbst bewusster geworden, haben unsere Identität gestärkt und unsere kreativen Potenziale ins Leben geholt. Nachdem wir uns selbst besser kennengelernt haben und uns selbst so sehen können, wie wir wirklich sind, gelingt uns das in der Phase der Wiederannäherung auch beim (jeweils) anderen.

In der Summe haben wir gelernt, den Dingen allein nachzugehen, die nur uns allein betreffen. Gleichzeitig können wir uns ganz auf die Beziehung einlassen. Ihren Höhepunkt findet diese Phase in der gelingenden Vereinigung von Liebe und Sexualität.

Die tiefe Begegnung unserer Seelen findet ihre Erfüllung in der körperlichen Vereinigung. So wie die Seelen miteinander tanzen, tanzen unsere Körper im Liebesspiel miteinander. Der Orgasmus ist kein »sportliches Ziel« mehr, sondern er ergreift uns im Zusammenfließen unserer Seelen, deren Bühne die sich vereinigenden Körper sind. Wir können nicht mehr unterscheiden, wo die Grenzen des eigenen Körpers aufhören und die des anderen Körpers anfangen. Zwei Wesen begegnen sich in ihrem ganzen *Dasein*. Gemeinsam betreten wir einen spirituellen Raum, der größer ist als zwei Individuen zusammen. Es ist der Moment der Synthese, der auf der physischen Ebene oft zur Fruchtbarkeit führt. Auf der geistigen Ebene nennt Graf Dürckheim[24] es den »dritten Leib« des Paares. Es ist ein schöpferischer Raum, der etwas Drittes hervorbringt, was nur die Liebenden hervorzubringen vermögen, aber nicht der Einzelne.

Diese letzte Stufe in der Paarentwicklung ist mehr anzusehen als ein Geschenk, das uns zuteilwird, als ein anzustrebendes Ziel. Es ist eher die Folge zweier gelingender Ich-Selbst-Achsen. Wenn jeder der beiden Partner ganz er oder sie selbst ist, dann kann eine echte Ich-Du-Begegnung stattfinden. Doch um ganz wir selbst werden zu können, müssen wir ein Bewusstsein für unsere biografischen Prägungen der Kindheit entwickeln.

Die Bedeutung der Kindheit für unsere Partnerschaft

Aus neurobiologischer Sicht wissen wir heute, dass sich alle Erfahrungen, die wir im Laufe unseres Lebens machen, als neuronale Verschaltungen im Gehirn niederschlagen. Je früher wir diese Erfahrungen bereits in der Kindheit machen, umso prägender werden sie für unsere Gehirnentwicklung und unser weiteres Leben.

Wir verinnerlichen daher alles, was uns in jungen Jahren widerfährt. Auf diese Weise entsteht im Inneren eine Art Seelenlandschaft mit einem vielfältigen Erlebnisspektrum. Das Unbewusste kartografiert diese Erfahrungen zu einer inneren Landkarte, die uns später im Leben eine erste Orientierungshilfe sein kann, um mit den Herausforderungen des Lebens klarzukommen.

Wenn wir eine glückliche Kindheit hatten, in der wir uns von unseren Eltern und anderen frühen Bezugspersonen geliebt und gesehen fühlten, dann sind diese wahrscheinlich auch auf unsere Bedürfnisse eingegangen. Damit haben wir gute Voraussetzungen dafür, erfüllende Beziehungen im Erwachsenenalter zu erleben. Ebenso können wir gut allein sein, ohne uns einsam zu fühlen. Im Gegenteil, dann finden wir gerade in der Stille der Abgeschiedenheit einen besonders guten Zugang zur Quelle unseres Schöpferischen.[25]

Schwieriger wird es jedoch, wenn es viele Entbehrungen, Vernachlässigung, Verletzungen, Enttäuschungen, vielleicht Gewalt oder andere schlimme Erfahrungen in der

Kindheit gab. Dann zeichnet unser Unbewusstes eine Landkarte, die später in die Irre führen kann. Sie bildet eine Seelenwelt ab, die eine historische Bedeutung hat. Sie verankert die schmerzhaften Erfahrungen, die wir nun auf die Gegenwart projizieren. Ob es inhaltlich jedoch dasselbe ist wie in der Kindheit, gilt es zu überprüfen. Oft steigen die alten Gefühle der Kindheit in der Partnerschaft wieder auf. Und es ist, wenn wir durch alte traumatische Belastungen nicht in einer Dauerkrise leben wollen, unumgänglich, diese Zusammenhänge transparent zu machen.

Später als Erwachsene projizieren wir das, was uns ursprünglich im Außen begegnet ist, auf die Bezugspersonen unseres erwachsenen Lebens. Dazu zählen an erster Stelle unsere Liebespartnerinnen, enge Freunde, Kolleginnen oder oft auch Vorgesetzte.

Das Tragische daran ist, dass wir durch diese Projektion in der unbewussten Erwartungshaltung leben, dass uns dasselbe von einst wieder passieren würde. Damit gucken wir am anderen vorbei. Tatsächlich passiert es jedoch, wenn wir lange genug etwas in den anderen hineinsehen, dass er irgendwann anfängt, diesem Bild zu entsprechen. Dann hört man oft den Satz: »Ich habe es doch schon immer gewusst.«

Und umgekehrt passiert es auch, dass wir selbst irgendwann anfangen, die unbewussten Erwartungen des Partners zu erfüllen und auf diese Weise ebenfalls in eine Reinszenierung hineingezogen werden.

Damit wir unsere Partner nicht solchen negativen Projektilen aussetzen, sondern sie besser darin unterstützen, mehr so zu werden, wie »Gott sie gemeint hat«[26], ist es fast unerlässlich, die eigene Kindheit noch einmal unter die Lupe zu nehmen.

In meiner Inneren-Kind-Arbeit, die ich am wirksamsten in einer von Harald Reinhardt vor dreißig Jahren entwickelten und von mir nach traumatherapeutischen Kriterien weiterentwickelten siebentägigen Kursstruktur durchführe, geht es darum, diese innere Landkarte bewusst zu machen. Dabei gilt es zunächst, im Wesentlichen drei verinnerlichte Beziehungen in ihren Auswirkungen heute zu erkunden:

- die Mutter-Kind-Beziehung als Ausdruck der Sicherheit, Bindung und Geborgenheit im Nest,
- die Vater-Kind-Beziehung als Ausdruck der »Weltergreifung« und Entdeckung der Autonomie (von der Mutter),
- die Eltern als Liebespaar und Vorbild für Gestaltungskompetenzen in Bezug auf Partnerschaft und
- bei Bedarf weitere wichtige Bezugspersonen wie Stiefeltern, Großeltern, Tanten, Onkel, ältere Geschwister oder Kindermädchen.

Ein wichtiges Ziel in der Arbeit ist es, ein Ich-Bewusstsein zu wecken, das mit keiner Position identifiziert ist, sondern erkennen kann, wie die Eltern verinnerlicht wurden. Das, was wir als Erinnerung in uns tragen und heute vielleicht nicht mehr der realen Person entspricht, nennen wir, wie oben im Exkurs bereits erläutert, in der Tiefenpsychologie das Mutter-Introjekt und das Vater-Introjekt. Beide zusammen heißen Eltern-Introjekte. Sie entsprechen dem Bild, das aus der einzigartigen Wechselwirkung zwischen der Bezugsperson und dem Kind entstanden ist. Bei Geschwistern mit Geschlechts- oder größerem Altersunterschied können die Introjekte sehr verschieden sein. Bei Zwillingen unter Umständen auch sehr ähnlich.

Im Alltag finde ich das Wirken der verinnerlichten Eltern bei meinen Klientinnen z. B. in solchen Sätzen wieder:

- »Ich bin immer so kritisch mit mir.« (Vater war immer sehr kritisch mit mir. Heute ist das Vater-Introjekt in mir kritisch mit mir.)

- »Ich traue mir nichts zu.« (Meine Mutter war voller Selbstzweifel und hat auch mir nichts zugetraut. Heute traut mein Mutter-Introjekt meinem Inneren Kind immer noch nichts zu.)
- »Ich schaffe das nicht.« (Als Kind habe ich nach der Trennung meiner Eltern große Probleme in der Schule gehabt. Heute zweifelt mein Inneres Kind immer noch an sich. Dem erwachsenen Ich hingegen traut es ganz viel zu.)
- »Es ist alles so sinnlos.« (Meine Eltern haben sich wahnsinnig viel gestritten und ich konnte als Kind ihre Trennung nicht verhindern. Heute versuche ich, in meiner Partnerschaft Streit um jeden Preis zu verhindern.)

Solange wir eine tragende und nährende Kindheit hatten, ist alles wunderbar, weil sich das Leben auf gute Weise fortsetzen kann. Wenn wir allerdings in der frühen Biografie viele schmerzliche Erfahrungen gemacht haben, werden wir dies auch im erwachsenen Leben mit neuen Bezugspersonen unbewusst »reinszenieren«. Wir sehen das Leben sozusagen durch die Brille unserer Kindheit, ohne es zu merken oder eine Wahlfreiheit zu haben, es anders zu sehen.

Daher lohnt es sich, sich im Erwachsenenalter noch einmal aus einem Reflexionsabstand mit der Kindheit zu beschäftigen. Dieser Abstand ist sehr wichtig zu betonen, weil wir heute keine Kinder mehr sind. Wir stehen als eigenverantwortliche erwachsene Menschen im Leben, verdienen unser eigenes Geld und leben in der Regel in einer Wohnung oder einem Haus, über die oder das die Eltern nicht (mehr) verfügen können. Damit hätten wir *eigentlich* alle Voraussetzungen für ein selbstbestimmtes Leben.

Sigmund Freud, den man als Christoph Kolumbus der Psychotherapie bezeichnen kann, ging ursprünglich davon aus, dass das Wiedererinnern der Kindheit heilsam wäre. Heute wissen wir, dass das schon lange nicht mehr reicht.

Manchmal kann es sogar gefährlich oder gar retraumatisierend sein, wenn wir in die alten Gefühle der Kindheit »hineinfallen« und uns niemand heraushilft. Man nennt das eine Altersregression, in der wir uns wieder wie ein Kind fühlen: abhängig und ausgeliefert an die Umstände. In diesem Zustand kommt uns alle erwachsene Handlungs- und Steuerungsfähigkeit abhanden. Diese wichtige Kompetenz nennt man in der Psychologie Selbstwirksamkeit. Und genau die ist von elementarer Bedeutung, wenn wir unsere Liebesbeziehungen zu einem Ort der Lebendigkeit, der Freude und des gemeinsamen Wachstums verwandeln wollen.

Wenn wir hingegen als Erwachsene einen inneren Beobachter – das Ich – in uns wecken können, der ohne emotionale Verwicklungen auf die Ereignisse der Vergangenheit schauen kann, entsteht ein hilfreicher Abstand.

Das »Ich« oder »Ich-Bewusstsein« wird in der Tiefenpsychologie verstanden als das Zentrum unseres Bewusstseins. Folgende Merkmale zeichnen es aus: die Fähigkeit zur Disidentifikation und zur Akzeptanz, Reflexionsabstand, Achtsamkeit, Frustrationstoleranz, Angsttoleranz, Impulskontrolle, der Gebrauch des Willens, eine Haltung der Liebe, Zentriertheit und die Fähigkeit, unverwickelt aus der inneren Mitte in Beziehung zu den Teilen zu treten bzw. Erkanntes in Handlung umzusetzen.

In der Psychosynthese unterscheide ich zwischen zwei Instanzen des Ichs. Einerseits gibt es hier einen *Beobachter*, der aus einem nicht wertenden Reflexionsabstand Zusammenhänge erkennen kann. Und andererseits einen *Regisseur*, der auf der Basis des Erkannten agieren und zwischen inneren Gegensätzen vermitteln kann.

Das *Ich-Bewusstsein* ist eine notwendige Voraussetzung dafür, dass wir das Kind, das wir einstmals waren, aus alten ungelösten Konflikten, Unterlegenheitserfahrungen, Kränkungen, Überforderungen, Verlassenheit, sexuellem Missbrauch, Gewaltszenarien etc. befreien können. Der dafür nötige Reflexionsabstand ermöglicht es uns auch, Mitgefühl mit diesem Kind in uns zu entwickeln.

Wenn diese Einfühlung seitens der Eltern oder anderer früher Bezugspersonen in uns einst fehlte, ist dieses Versäumnis die Ursache dafür, warum wir später so wenig Einfühlung in uns selbst (Impathie) und manchmal leider auch in andere (Empathie) haben.

Dem eigenen Mangel an Einfühlungserfahrung geschuldet, haben manche Menschen für andere mehr Einfühlung und Verständnis als für sich selbst. Hier gilt oft das Motto: Ich gebe, was ich nicht bekommen habe, in der Hoffnung, es dann doch irgendwann noch einmal von anderen zu bekommen.

Da nützt es nichts, wenn einem andere sagen: »Du musst liebevoller mit dir umgehen.« Wenn ich als Kind diesen liebevollen Umgang von anderen mit mir nicht kennengelernt habe, dann werde ich nur so mit mir umgehen können, wie meine Eltern und andere Bezugspersonen mit mir umgegangen sind.

Und auch das, was Claudia erzählte, ist keine Empathie. Wenn sie mit ihren Freundinnen über die Probleme mit Stefan sprach, rieten sie ihr stereotyp: »Du musst dich von deinem Freund trennen.« Da fühlte sie sich ebenfalls nicht wahrgenommen. Denn schließlich, trotz aller Probleme mit Stefan, liebte sie ihn wirklich. Und er sie auch.

In welcher Tiefe die frühbiografischen Prägungen der beiden miteinander verschaltet waren, wurde erst durch die Therapie für die beiden spür- und sichtbar.

Wenn wir diese Einfühlung eben nicht in uns haben, sollten wir uns fragen, was uns im Weg steht, um mit uns selbst einfühlsam umgehen zu können. Nehmen wir als Beispiel ein Beet, in dem wunderschöne Blumen gesetzt wurden. Tief drinnen in der Erde schlummern noch die Wurzeln eines Unkrauts. Sie beginnen erneut zu wachsen, bahnen sich ihren Weg an die Oberfläche und verbreiten sich immer mehr. Irgendwann sieht man von den Blumen fast nichts mehr. Introjekte kannst du dir wie dieses Unkraut vorstellen, das immer wieder zurückkommt, wenn wir es nicht an der Wurzel packen. Deshalb ist es so wichtig, ihnen Einhalt zu gebieten, bevor sie das Schöne und Positive zerstören. Machen wir sie uns bewusst und sehen sie mit der ihnen gebührenden Distanz, dann kann alles andere wieder sprießen, vor allem auch die Liebe. Sie erzeugt Kohärenz und bringt uns Glanz in die Augen. Liebe macht schön und wirkt anziehend. Da, wo die Liebe ist, ist die Quelle. Und somit kann ganz viel Schönes entstehen.

Neuronales Netzwerk der Selbstliebe

Neurobiologisch gesprochen fehlt uns, wenn schlechte Erfahrungen aus der Kindheit noch Macht über uns haben, ein Netzwerk für Selbstliebe. Wie wir das entwickeln können, will ich in diesem Buch zeigen. Stefanie Stahl hat mit ihrem Buch »Das Kind in dir muss Heimat finden« dafür schon sehr gute Grundlagen gelegt, indem sie die Bedeutung der verborgenen Macht unserer Kindheit deutlich gemacht hat. Das ist eigentlich nichts Neues in der Psychologie. Seit der Psychoanalyse von Sigmund Freud wissen wir darum. Ihr ist es jedoch gelungen, die Zusammenhänge zwischen Kindheit und Erwachsenenleben in einer allgemeinverständlichen Sprache zu vermitteln. Und eine Perspektive zu öffnen, dass in uns eine Veränderung stattfinden kann, die sich auf unsere Beziehungen positiv auswirkt. Vor allem ist es ihr gelungen, Leser und Leserinnen dafür zu sensibilisieren, dass das Kind, das wir einstmals waren, immer noch in uns lebt. Wir sehen in der Regel zwar nicht mehr wie ein

Kind aus, aber die Gefühle sind oft identisch mit denen der Kindheit.

Alice Millers Ansatz, dem ich mich anschließe, führt noch weiter. Sie schreibt: »So wie die Eltern einstmals mit uns umgegangen sind, gehen wir später ein Leben lang mit uns selbst um.«[27] Ich will allerdings ergänzen, dass auch dieses Konzept nur so lange Gültigkeit hat, bis wir es erkannt haben. Denn dann können wir anfangen, anders mit uns umzugehen.

Vor diesem Hintergrund steht im Zentrum meiner Inneren-Kind-Arbeit erstens die Bewusstmachung, wie die Eltern einst mit uns umgegangen sind, und zweitens die Konsequenzen daraus: In welchen Momenten bzw. Kontexten gehe ich genauso mit mir selbst um? Und wann mache ich das Gegenteil? Auch in diesem Fall bin ich unbewusst mit den verinnerlichten Eltern verstrickt.

Mit meinem Buch möchte ich dir zum einen an Fallbeispielen deutlich machen, wie die verinnerlichten Eltern bis heute in uns wirken. Denn erst durch diese frühen Erfahrungen entstehen Glaubenssysteme in uns, die uns lange innerlich in alten Kindheitsmustern gefangen halten.

Zum anderen will ich auf der Grundlage der Erinnerungsbilder der Kindheit Beispiele und Anleitungen geben, wie wir endlich mehr Selbstliebe entwickeln können, die uns nicht nur aus unserer Einsamkeit befreit, sondern unser ganzes Leben verändert. Erst dann können wir unsere Kreativität entfalten, mutig in die Welt gehen und Neues entdecken.

Eine Technik zu lernen, wie wir aktiv besser mit uns umgehen können, als die Eltern es jemals konnten, ermöglicht es uns, die Lösung unserer Probleme im eigenen Inneren zu finden. Schließlich macht es uns glücklich und frei, wenn wir endlich hinschauen. Dein Inneres Kind wird es dir nicht nur danken, sondern es wird auch zur Hauptfigur bei der Entwicklung deiner Liebesfähigkeit.

Ich erinnere mich an einen Buchtitel: »Nicht ohne meine

Tochter«. Dieses Motto ließe sich auch übertragen auf unser Inneres Kind. In dem Moment, in dem wir aus unserem erwachsenen Ich eine Beziehung zu unserem Inneren Kind etabliert haben, werden wir keine emotionale Entscheidung mehr ohne unser Inneres Kind fällen. Denn dieses Kind entspringt zwar unserer Vergangenheit, aber es ist nicht die Vergangenheit. Vielmehr stellt in der Gegenwart die Befindlichkeit des Inneren Kindes in jedem Moment der Therapie für mich eine Messlatte für die Qualität der Beziehung meiner Klienten zu sich selbst dar.

Geht es meinem Inneren Kind gut, haben wir schon viel erreicht. Es zeigt an, dass wir eine positive Grundstimmung haben. Dass das allein aber nicht immer die Lösung für alle Probleme ist, ist auch wahr. Denn wenn du darunter leidest, aktuell Probleme mit deinem Partner zu haben, dann kann auch dein Inneres Kind diese Person nicht ändern. Aber dein Inneres Kind kann dich dabei unterstützen, dass du dich traust, dir treuer zu werden. Aus der Verbindung mit deinem Inneren Kind wirst du dich stärker und mutiger fühlen und dadurch vielleicht Dinge wagen, die du zuvor nie gewagt hast. Und genau dieser Mut, selbst anders zu agieren, wird wiederum eine dynamisierende Wirkung auf deine Partnerschaft haben. Probiere es einfach aus. Mach einmal etwas, das du noch nie gemacht hast. Manchmal wirkt das Wunder. So erinnere ich mich an eine Ehefrau, die ihrem Ehemann 25 Jahre lang liebend und treu verbunden war. Plötzlich verliebte er sich in eine gemeinsame Freundin, die beide schon lange kannten.

Für sie brach eine Welt zusammen. Er fühlte sich komplett aufgespannt zwischen zwei Frauen, wenn auch der Eros eindeutig in der Außenbeziehung floss. Aber er hätte sich von seiner Frau auf keinen Fall trennen wollen.

Ihm wurde in der Einzelarbeit mit mir bewusst, dass er nie richtig pubertiert hatte. Er war auf dem Land in einer sehr katholischen Familie aufgewachsen. Sie ebenfalls. Beide waren sich gegenseitig ihre ersten Partner und hatten gemeinsam drei Kinder. Und sie wussten nicht, wie sie diese Herausforderung meistern sollten.

Doch nachdem die Frau im Intensivseminar ihr Inneres Kind kennen- und lieben gelernt hatte, fühlte sie sich wieder lebendiger. Endlich konnte sie weinen und ihren Schmerz zulassen. Ihr Inneres Kind brauchte vor allem Trost von ihr. Bis zu diesem Zeitpunkt war ihr gar nicht bewusst gewesen, wie sehr sie bei ihrem Mann alles das an Sicherheit und Zuwendung nachholte, was sie bei ihrem Vater immer vermisst hatte.

Dadurch war über die Jahre der Eros komplett eingeschlafen und sie teilten schon lange keine Sexualität mehr. Durch die wachsende Verbindung mit ihrem Inneren Kind konnte sie anfangen, es selbst zu trösten.

Die erwachsene Frau in ihr wurde dadurch mutiger und abenteuerlustiger. Als ihr zufällig eine Info über einen Tantra-Workshop in die Hände fiel, meldete sie sich spontan an.

Unmittelbar nach dem Seminar kam sie mit leuchtenden Augen zur nächsten Therapiestunde zu mir. Sie war wie ausgewechselt. Begeistert erzählte sie mir, welche spannenden Körper- und Partnerübungen sie dort kennengelernt hatte.

Erst jetzt wurde ihr bewusst, was für eine Schmalspurbeziehung sie in erotisch-sexueller Hinsicht bisher gelebt hatte. Über einige Paarsitzungen, in denen sich beide mehr mit ihren Inneren Kindern verbinden konnten, wurde es möglich, dass die beiden Partner sich neue Freiräume in der Ehe zugestehen konnten, um fehlende Erfahrungen aus der Jugend nachzuholen. Das war zunächst nicht so leicht. Doch in dem Maße, wie sie sich unter meiner Begleitung mehr Freiräume einräumen lernten, konnten sie als Paar auch wieder näher zusammenrücken.

Und umso mehr er sich von ihr in seiner Verliebtheit in die gemeinsame Freundin akzeptiert fühlte, und seiner Frau auch gleichzeitig seine aufrichtige Wertschätzung für sie ausdrückte, klärte sich auch seine Außenbeziehung. Er konnte erkennen, dass er dort den lebendigen Eros suchte, der ihm in der Ehe fehlte. Aber durch die Akzeptanz seiner Frau konnte er für sich erkennen, dass er mit der anderen Frau außerhalb dieses Verhältnisses keine Lebensperspektive entwickeln konnte.

Darüber zogen zwei Jahre ins Land, bis die beiden sich in einem Ritual in der Therapie noch einmal neu verbinden konnten. Ihre Krise, die sie oft bis an ihre Grenzen gebracht hatte, konnten sie aus der Rückschau als sehr segensreich anerkennen.

In dem Moment bekamen sie die frohe Botschaft ihrer Tochter, dass sie Großeltern wurden.

Wenn wir in unseren frühen Lebensjahren weniger nährende Liebe und Zuwendung erhalten haben, als wir sie für unsere Entwicklung und die Entfaltung unserer Potenziale gebraucht hätten, entstehen oft Gefühle der Einsamkeit und der Ausgrenzung. Das ist kein Makel, sondern nur eine natürliche Folge unseres erlittenen Mangels. Heute als erwachsene Menschen können wir durch die Disidentifikation von den alten Erfahrungen der Unliebe und Verunsicherung Abstand gewinnen. Dafür müssen wir unser altes Dilemma zunächst einmal erkennen.

Auf der anderen Seite ist es auch sehr hoffnungsvoll, dass es in jedem Menschen auch das Potenzial zur Ganzheit und Heilung gibt.

Die Grundlagen sicherer Bindung

Sichere Bindung in der Kindheit erzeugt Entfaltungsdrang (Exploration) und innere Freiheit. Deshalb sage ich seit Jahren: *»Wir sind so frei, wie wir verbunden sind.«*

Eine sichere Bindung des Menschen entwickelt sich – je nach Forschern – in den ersten 18 Monaten, manche meinen bis zum vollendeten dritten Lebensjahr. Sie ist einerseits ein wesentliches Fundament für unsere Selbstliebe und andererseits für unsere Beziehungsfähigkeit. Die Selbstliebe befähigt uns zur Selbstwahrnehmung und zum achtsamen Umgang mit unserem Körper und unseren Gefühlen wie auch einem angemessenen Umgang mit unseren eigenen Bedürfnissen.

Entsprechend unserem Umgang mit uns selbst erleben wir auf der Basis einer sicheren Bindung auch einen respektvollen Umgang anderer Menschen mit uns und deren Bereitschaft, auf unsere Bedürfnisse einzugehen, die wir auf natürliche Weise mitzuteilen vermögen.

Nur durch die Erfahrung einer sicheren Bindung können wir ein Grundgefühl dafür entwickeln, uns auf die Beziehung zu anderen Menschen verlassen zu können, geliebt zu werden und zu wissen, dass andere für uns da sind, wenn wir sie brauchen. Nur dann können wir ein Grundvertrauen darein haben, auch von anderen in unseren Bedürfnissen wahrgenommen zu werden, und Bedürfniserfüllung erfahren.

Dank meiner therapeutischen und auch meiner persönlichen Erfahrung kann ich an dieser Stelle Mut machen, dass eine unsichere Bindung, die sich durch das Fehlen dieser Kompetenzen auszeichnet, nicht in Stein gemeißelt ist. Kraft unseres starken Willens und der Entschiedenheit, uns selbst heilen zu wollen, können wir über den konsequenten Aufbau einer bewussten Beziehung zu unserem Inneren Kind die Wunden unserer Kindheit überwachsen und uns in uns selbst verankern.[28]

Laurence Heller und Aline LaPierre beschreiben in ihrem Buch »Entwicklungstrauma heilen« die fünf Phasen der Kindesentwicklung, die die Grundlage für ein gelingendes Leben darstellen. Es geht dabei um die Erfüllung von fünf biologischen Grundbedürfnissen: Kontakt, Einstimmung, Vertrauen, Autonomie, Liebe und Sexualität.[29]

Dadurch werden wir fähig, in Kontakt mit uns und anderen zu treten, unsere Gefühle zu regulieren, uns lebendig zu fühlen, unsere Ressourcen zu entfalten und mit unserer Lebensessenz in Kontakt zu sein.

Ein gravierender Unterschied zwischen meiner Arbeit und der von Laurence Heller und Aline LaPierre ist, dass sie nicht mit der Idee des Inneren Kindes arbeiten, während sie für mich *der* Schlüssel für die Heilung aller dieser fünf biologischen Grundbedürfnisse ist. Insofern erweitere ich ihre theoretischen Grundlagen, die ich sehr wertvoll finde, um die praktische Anwendung der Inneren-Kind-Arbeit.

Der Vorteil Innerer-Kind-Arbeit ist, dass sie den meisten Menschen sehr leicht zugänglich ist. Sie hat geradezu etwas Natürliches. Fast immer erzählen Klienten in der Therapie irgendwann Erlebnisse aus ihrer Kindheit. Diese sind mir eine willkommene Gelegenheit, daraus einen unmittelbaren Dialog mit diesem Kind zu entwickeln, das sich als Erinnerungsbild heute als das Innere Kind zeigt. Je mehr Ich-Bewusstsein wir als Erwachsene über unsere Kindheit erlangen, umso besser können wir das Kind in uns »nachbeeltern«. Der psychologische Effekt ist das Entstehen einer sogenannten Ich-Kind-Achse, die das Fundament für die Entfaltung von mehr Selbstliebe ist. Durch die Selbstbeelterung erwachen zunehmend unsere Selbstbestimmung und innere Freiheit. Außerdem werden wir unabhängiger von der Zuwendung durch andere Menschen. Wir können Ermutigung und Zustimmung auf einmal im eigenen Inneren von unserem Inneren Kind empfangen. Das bewirkt in meinen Klienten regelmäßig leuchtende Augen. Und vor allem ist es etwas, was jeder lernen kann. Der innere Dialog mit dem Inneren Kind muss nur einmal bewusst gelingen, dann kann ihn jeder für sich von da an vertiefen.

Wenn die Grundbedürfnisse in der Kindheit von den Eltern nicht ausreichend erfüllt wurden, können wir das als erwachsene Menschen durch die Verbindung zu unserem Inneren Kind selbst nachholen. Um welche Bedürfnisse es dabei geht und was dabei zu beachten ist, sehen wir uns zunächst im Überblick und danach im Detail an.

1. Kontakt meint das Bedürfnis, eine körperliche und emotionale Verbindung zu spüren.
2. Empathie ist Zeugnis davon, dass ich als Kind in meinen Bedürfnissen wahrgenommen wurde und diese von meinen Eltern befriedigt wurden. In der Folge kann ich mich selbst in mich und andere einfühlen und Bedürfnisse erfüllen.
3. Vertrauen entsteht daraus, dass ich Zugehörigkeit, Verbundenheit und die Einstimmung auf meine Bedürfnisse erlebe.
4. Autonomie ist die natürliche Folge, wenn ich mich sicher über die Bindung fühlen kann, weil ich mich verbunden fühle und in meinen Bedürfnissen wahrgenommen werde.
5. Liebe und Sexualität fließen natürlich zusammen, wenn ich mich gesehen fühle und auf der Basis einer natürlichen Beziehung zum eigenen Körper mich auch mit dem Körper eines anderen Menschen in Liebe vereinen kann.

Kontakt

Die früheste Phase unseres Lebens zeichnet sich durch eine hundertprozentige Abhängigkeit von unseren frühen Bezugspersonen aus. Wir brauchen die Gewissheit, dass »Mami« da ist. An ihrer Brust fühlen wir uns warm und geborgen. An ihrem Geruch erkennen wir sie und fühlen uns in ihrer Nähe sicher. Ihre Stimme ist uns schon aus dem Mutterleib vertraut. Wenn wir erregt sind, kann sie uns mit ihrer Stimme trösten und wieder beruhigen. Diese Erfahrung von Anfang an zu erleben, gibt uns die Gewissheit, versorgt zu werden und Schutz zu erfahren. Wir können weder vor Gefahren weglaufen noch uns vor Angreifern schützen. Aber die Nähe der Mutter gibt uns den nötigen Halt und ihr Körperkontakt gibt uns Sicherheit. Durch den Kontakt zu ihrem Körper lernen wir, unseren eigenen Körper zu spüren. Durch ihre liebevolle Zuwendung und ihren Trost lernen wir, unsere Gefühle selbst wahrzunehmen und uns später selbst zu trösten. Wenn der sichere Kontakt da ist, lernen wir aus den täglichen Erfahrungen auch für unser zukünftiges Leben, mit anderen Menschen in Kontakt zu treten und Kontakt herzustellen. Wir entwickeln so eine natürliche Beziehung zu unserem Körper, was später für das Thema Begegnung und Partnerschaft im Leben eine große Rolle spielt. Körperberührungen und Gefühle erleben wir als natürliche Teile unseres Lebens.

Aber nicht jeder Start ins Leben gelingt so ideal, wie oben gezeichnet. Es gibt schwierige Verlaufsformen, wo es zu Schocktraumen, Misshandlung, Zurückweisung oder Vernachlässigung kommt. Auch schicksalhafte Trennungen direkt nach der Geburt oder in den ersten Monaten von Mutter und Kind können die frühe Entwicklung des Kindes beeinträchtigen. Das Kind wird zwar versorgt, erfährt aber nicht die Nähe zur Mutter und den Körperkontakt, den es brauchen würde, um sich sicher zu fühlen. Der Kontaktabbruch zwischen Mutter und Kind löst im Kind Panik aus, aber es kann sich nicht anders mitteilen, als zu schreien. Der vertraute Geruch der Mutter ist nicht mehr da und auch ihre vertraute Stimme ist weg. Diese Irritation löst im Kind eine elementare Verunsicherung aus, da es nicht verstehen kann, wo sie ist.

Alle traumatischen Erfahrungen wie Ablehnung und Isolation in dieser frühen Zeit der Bindungsphase können vom Kind nur dadurch bewältigt werden, dass es sich von seinem Körper und seinen Gefühlen abschneidet und nichts mehr spürt. Der Fachausdruck dafür ist Dissoziation.

Diese frühe Erfahrung zeigt ihre Folgen oft erst im Erwachsenenalter, die sich dann in einer großen Verlustangst des Partners oder der Partnerin widerspiegeln kann. Der Erwachsene befürchtet immer das Schlimmste und ist oft darin gefangen. In der Sprache der Psychosynthese nennen wir das auch eine unbewusste Identifikation.

Manch einer vermeidet später Beziehungen, um keine so schmerzliche Trennungserfahrung mehr zu machen. Wieder andere haben Probleme mit Körperkontakt. Bei gleichzeitiger Sehnsucht danach haben wir keinen natürlichen Kontakt zu unserem Körper. Vielleicht spüren wir den Körper gar nicht richtig oder haben Schwierigkeiten, uns in Liebesbeziehungen körperlich zu öffnen und hinzugeben.

Da sich diese Erfahrungen in der vorsprachlichen Zeit unserer Entwicklung abgespielt haben, sind sie uns auch nicht sprachlich zugänglich.

Im folgenden Beispiel kannst du sehen, wie diese abgespaltene Not jedoch über den Kontakt zum Inneren Kind wieder an das Bewusstsein angeschlossen werden kann. Auf diese Weise kann das Eis des aus Not eingefrorenen Teils schmelzen und dieser ins Leben zurückkehren.

Meine Klientin Anja, Anfang 40, kam zu mir, weil es ihr nicht gelang, in ihren häufig wechselnden Beziehungen einen echten Kontakt zu ihrem Partner herzustellen. Immer verfiel sie in eine starke Bedürftigkeit. Schließlich zogen sich die Partner wieder von ihr zurück, bevor die Beziehung richtig angefangen hatte. Das bedrückte sie sehr und bereitete ihr zunehmend Stress, weil sich dasselbe Muster regelmäßig wiederholte. Ihre innere Einsamkeit wurde im Bild ihres Inneren Kindes deutlich. Darin zeigte sich ihre emotionale Verfassung.

Das Bild ihres Inneren Kindes zeigte ein fünfjähriges kleines trauriges Mädchen, das auf dem Fußboden saß. Es schaute nach unten und hielt seine Puppe in der Hand. Es fühlte sich einsam und alleingelassen.

Beim Anblick dieses Kindes von oben fühlte sich Anja selbst auch hilflos und traurig. Ihre Augen wurden feucht. Sie weinte still in sich hinein.

Ich lud sie ein, in ihrer Fantasie einmal in dieses innere Bild hineinzugehen und mit ihrem Inneren Kind in einen Dialog zu treten. Das ging erstaunlich leicht. Sie ging zu dem Kind hin. Ich schlug ihr vor, das Mädchen zu fragen: »Was wünschst du dir von mir?« Sehr spontan antwortete dieses: »Nimm mich auf den Arm.« Das tat Anja dann.

Gleichzeitig konnte ich beobachten, wie meine Klientin, einen tiefen Seufzer machte und sich entspannte. Mit dem Kind auf dem Arm – in ihrer Fantasie – verband sie sich innerlich mit dem vernachlässigten Seelenanteil, der Gefühle der Einsamkeit erzeugt hatte.

Das Beispiel zeigt, wie wir als erwachsene Menschen heute lernen können, die Defizite unserer Kindheit auszugleichen, indem wir anfangen, unsere Inneren Kinder selbst zu beeltern.

Das funktioniert deshalb so wirksam, weil das Gehirn gar nicht unterscheiden kann, ob ich real ein Kind auf dem Arm oder Schoß habe, oder ob ich mir das nur vorstelle. Die Physiologie des Körpers reagiert in beiden Fällen identisch. So wie bei der Erinnerung an traumatische Erfahrungen Angst und Kälte im Körper aufsteigen können, lässt sich beobachten, dass die Imagination der Verbundenheit mit dem Inneren Kind gleichermaßen Geborgenheit zu schenken und Wärme zu erzeugen vermag.

Sehen wir uns nun als weiteres Beispiel einen Mann an. Anhand der Geschichte von Markus, 45 Jahre alt, zeigt sich, dass der Umgang mit dem Inneren Kind bei Männern und Frauen denselben heilenden Effekt hat.

Dieser Klient kam in die Therapie, weil er über drei Jahre lang eine Beziehung zu einer Kollegin entwickelt hatte, die aber von Anfang an keine Partnerschaft mit ihm teilen wollte. Dennoch hatten sich die beiden in den Pausen während der Arbeit häufig getroffen, waren zusammen essen oder abends auch mal miteinander ausgegangen. Mein Klient gestand, dass er sich immer Hoffnungen auf eine richtige Beziehung gemacht hatte, bis seine Kollegin sich kürzlich radikal von ihm abgewandt hatte.

Aus seinem Leben schilderte er mir, wie er sich zwischen einer tiefen Sehnsucht nach Kontakt und einer riesigen Angst davor aufgespannt fühlte, sich auf jemanden einzulassen, weil er fürchtete, verlassen zu werden.

Auf der Suche nach seinem Inneren Kind landeten wir in seiner frühesten Biografie. Aus den Erzählungen seiner Mutter weiß er, dass er direkt nach seiner Glockengeburt wegen einer Gelbsucht sofort von ihr getrennt worden war. Dann lag er einige Wochen allein im Krankenhaus.

Nachdem er ein Seminar über »Rituale später Elternliebe« bei mir besucht hatte, auf dem er mehr Einfühlung in seine Ambivalenz und seine Nöte entwickeln konnte, fühlte er sich ermutigt, genauer hinzuschauen, warum er sich so schwertat, eine Partnerschaft aufzubauen.

Der Umstand, dass er sich an eine Frau binden wollte, die nicht zu einer Partnerschaft mit ihm bereit war, stellte sich für ihn als eine Wiederholung seines Starts in sein Leben dar. Er kam auf die Welt, aber seine Mutter konnte nicht für ihn da sein, weil die Ärzte den Kontakt untersagten. Die Verrechnung des kindlichen Gehirns sieht in diesem Fall so aus: Mami lässt mich im Stich.

Obwohl er seine Mutter als sehr emotional schilderte, führte der frühe Kontaktabbruch zu einer elementaren Verunsicherung. Die Verrechnung dieser Erfahrung führte dazu, dass er immer wieder Frauen traf, die durchaus freundlich waren, sich aber nicht wirklich auf ihn einließen.

So wie auch seine Mutter, nachdem sie selbst sich von den Strapazen der Geburt erholt hatte, ihn nur alle paar Tage kurz besuchen kam.

Wie Markus sich in der Therapie seinem Inneren Kind annäherte, wird später noch Thema sein.

Jetzt lade ich dich ein, in einer Innenschau zu erkunden, wie deine Beziehung zum Grundbedürfnis Kontakt sich seit der Kindheit entwickelt hat. Im Kapitel über das Innere Kind zeige ich dann Wege, wie wir mögliche Defizite der Kindheit heute selbst heilen können.

Übung: Innenschau auf Kontaktbedürfnis

Oft ist es gut, sich etwas Zeit zu nehmen und in sich hineinzulauschen, nicht nur um zu reflektieren, sondern auch um den Körper und die eigenen Gefühle bewusst zu spüren. Ich habe dir am Anfang geraten, dir ein kleines Tagebuch anzuschaffen, um deinen Prozess zu dokumentieren. Stell dir doch einmal folgende Fragen und schreibe die Antworten in dein Büchlein.

Kindheit:
Körperkontakt bedeutet für ein Baby, grundlegend in seiner Existenz bejaht zu werden. Nicht auf den Arm genommen zu werden, verrechnet ein Baby als »Ich bin nicht erwünscht. Ich bin nicht wichtig. Ich bin falsch etc.« Es führt zu einer Selbstablehnung. Über Körperkontakt lernt das Baby, seine Gefühle zu regulieren und den Körper zu spüren. Später kann sich das Kind selbst beruhigen.

Frage dich:

- Wurde ich in den Arm genommen, wenn ich traurig war und Trost brauchte? Oder zur Verabschiedung bzw. zur Begrüßung?

- Gab es Zärtlichkeiten zwischen den Eltern?
- War Körperkontakt etwas Natürliches? Oder machte man das nicht?

Schreib alles auf, was dir dazu einfällt.

Die Folgen der Kindheit heute:
Dann stell dir diese Fragen:

- Wie fühle ich mich heute in meinem Körper?
- Bin ich mit meinem Körper in Kontakt? Kann ich ihn spüren? Wie gehe ich auf andere zu und wie trete ich in Kontakt?
- Kann ich andere Menschen mühelos berühren?
- Wie reagiere ich heute auf Kontaktsuche von anderen?
- Wie reagiere ich darauf, wenn andere Menschen mich körperlich berühren wollen?
- Wie sieht das allgemein in Begrüßungsritualen aus? Oder in der Partnerschaft?

Schreibe wieder alles auf. Anschließend kannst du dich mit deiner Partnerin darüber austauschen.

Da die Kontaktphase das Fundament für die Entstehung unseres Urvertrauens ist, will ich dich an dieser Stelle dazu einladen, zeitversetzt noch eine weitere Übung zu machen, in der du zum Ursprung deines Seins hinabtauchen kannst, um dich ganz tief mit deiner Seele zu verbinden. Diese Übung ist der zentrale Schlüssel zur Selbstliebe, mit der ich über das Seminar „Das Innere Kind und die Heilung der Liebe“ dreißig Jahre lang Erfahrungen sammeln durfte. Für das Gelingen dieser Übung ist es wichtig, dir richtig Zeit zu nehmen und einen sicheren Schutzraum zu schaffen, in dem du absolut ungestört bist.

Übung: Begegnung mit deiner Seele

Setze dich bequem hin. Entspanne dich einen Moment, indem du die Aufmerksamkeit auf deine Atmung lenkst. Beobachte, wie dein Atem ein- und ausströmt, bis er ganz von selbst seinen eigenen Rhythmus gefunden hat.

Jetzt sage dir tief innen drin: »Ich will mich jetzt einmal als neugeborenes Baby sehen, direkt nach der Geburt.« Nimm dir etwas Zeit dafür, ein Bild und/oder ein Gefühl für dieses Neugeborene aufsteigen zu lassen. Vielleicht erinnerst du dich dabei auch an Fotos nach deiner Geburt. Lass dieses Bild mit dem dazugehörigen Gefühl in dir aufsteigen.

Wenn du das Baby sehen kannst, wende dich ihm in deiner Fantasie zu. Stell dir dabei vor, dass du real in diese Szene hineintrittst, in der du das Baby siehst.

Tritt in Kontakt mit dem Baby. Versuche dafür zunächst einmal, so gut es geht, ihm in die Augen zu schauen. Und spüre, was in dir passiert. Kannst du dich von diesem Kind berühren lassen? Welche Gefühle weckt es in dir?

Dann frage es: »Was willst du?« Und lass es in deinem Inneren antworten. Im Inneren können Neugeborene sogar schon sprechen. Und wenn es nicht antworten sollte, dann steigt die Antwort vielleicht ganz unwillkürlich in dir auf. Oder du spürst einfach, was es will.

Dann versuche, ihm das zu geben, was es von dir will. Wenn es möchte, dass du einfach dableibst, dann bleibe da. Wenn es sich z. B. wünscht, auf den Arm genommen zu werden, dann nimm es einfach auf deinen Arm. Solltest du es nun halten, dann spüre diese Verbindung. Wie fühlt sich das an, ein neugeborenes Baby auf dem Arm zu haben? Vielleicht kannst du seinen Duft sogar riechen?

Erlaube dir, dich ganz tief auf diese Begegnung einzulassen. Ich frage mich, was jetzt in deinem Körper passiert. Kannst du beobachten, dass alles etwas weicher wird? Oder vielleicht kannst du tiefer durchatmen?

Bleib mit deiner Aufmerksamkeit ganz bei deinem Baby auf dem Arm. Nach einiger Zeit kannst du es fragen: »Was brauchst du ab heute von mir? In unserem täglichen Leben? Worauf soll ich mehr achten? Was würde dich glücklich machen? Sag es mir.«

Wenn dir dein Inneres Kind geantwortet hat, kannst du spontan auf seine Bedürfnisse eingehen. Irgendwann frage es, wenn es sich stimmig anfühlt, was es jetzt von dir braucht, um diese Begegnung abzurunden. Das könnte auch die Frage sein: »Wo ist jetzt ein stimmiger Platz für dich in meinem Leben?« Oder auch etwas anderes.

In der Fantasie kann dieser Platz überall sein. Da ein Baby tatsächlich 24 Stunden am Tag die Sicherheit braucht, dass wir für es da sind, schlage ich gern vor, das Kind im Inneren in ein Tragetuch am Körper zu packen. Das hat meistens einen sehr entspannenden Effekt auf das Kind und damit auf unser Nervensystem. Das erwachsene Ich bleibt so für das Kind erreichbar.

Das Innere Kind als der verletzlichste und vollkommene Teil in uns kann zur Ruhe kommen, da es sich endlich verbunden fühlt.

Lass abschließend diese Eindrücke in dir wirken. Während des Prozesses ist es natürlich, dass sehr tiefe Gefühle aufsteigen und vielleicht auch ein paar Tränen fließen können. Wenn das passiert, kannst du dir sicher sein: Jetzt bist du ganz bei dir und deinem Inneren Kind angekommen. Genieße es und vertraue dich deiner spontanen inneren Dynamik an. Vertraue darauf, dass dein Inneres Kind immer weiß, was jetzt gerade auf der Gefühlsebene stimmig ist, zu tun oder zu lassen.

Weg zur Heilung meiner Kontaktfähigkeit:

- Ich wende mich bewusst und aktiv meinem Inneren Kind zu.
- Ich nehme mein Inneres Kind auf den Arm und halte es. Ich spreche mit ihm und frage es, was es von mir braucht.
- Mit meiner Präsenz gebe ich ihm Geborgenheit und Sicherheit.

In der Folge erlebe ich als Erwachsener:

- In der Verbindung mit meinem Inneren Kind bin ich ganz da!
- Ich spüre meinen Körper.
- Ich kann meine Gefühle wahrnehmen.

Empathie

Die Phase der Einstimmung auf die elementaren Bedürfnisse des Kindes bezieht sich auf die Zeit von der Geburt bis zwei Jahre. In dieser Zeit muss das Kind für eine gesunde Entwicklung erleben, dass seine frühen Bezugspersonen seine Bedürfnisse aufspüren, indem sie seine Signale richtig interpretieren. Dazu zählen vor allem liebevolle Zuwendung mit Körperkontakt, essen, trinken, schlafen, Bewegung, spielen, Wärmeregulierung über Kleidung, Aufmerksamkeit und Trost bei Kummer und Schmerzen.

Ein Baby, das mit rotem Kopf im Kinderwagen liegt und schreit, während es unter einem dicken Plumeau liegt, wird der Mutter damit signalisieren wollen: »Mir ist es zu warm! Zieh mir die Mütze aus!« Indem die Mutter dem Kind die Mütze auszieht, zeigt sie ihm, dass sie seine Botschaft richtig verstanden hat, und das Kind kann sich wieder beruhigen. Damit bestätigt die Mutter dem Kind die Richtigkeit seiner Empfindung. Dadurch kann es ein Vertrauen darein entwickeln, dass seine Empfindungen stimmig sind.

Beharrt die Mutter jedoch darauf, dass das Kind die Mütze anbehalten muss, ist der Spiegel der Mutter für das Kind blind. Damit verunsichert sie das Kind. Später im Erwachsenenalter haben wir dann oft eine Unsicherheit, ob das, was wir spüren, richtig ist oder nicht.

Für unsere Beziehungsentwicklung kann das tragischerweise bedeuten, dass wir unseren eigenen Empfindungen nicht trauen. Sondern dass das, was der Partner oder die Partnerin meint, fühlt oder denkt, richtig sei, obwohl wir selbst etwas anderes empfinden. Das kann zu erheblichen Komplikationen führen.

Um auf unser Beispiel von Claudia zurückzukommen. In der Einzeltherapie mit ihr wurde deutlich, dass sie wenig Vertrauen in ihre eigenen Empfindungen hatte. Sie fühlte sich unsicher, ob sie Stefan vertrauen konnte. Häufiger passierte es, dass er nach seinen Yogagruppen am Abend später nach Hause kam. Morgens packte er seine Saunatasche ein und sagte ihr, dass er sich nach dem Yogaunterricht noch ausruhen gehen würde.

Lange Zeit glaubte sie es ihm, aber immer öfter bekam sie mit, dass er auch anderen Frauen sehr freundlich zugewandt war. Das wehrte er jedoch ab und sagte, dass das Teil seiner Arbeit sei, was sie wiederum mit Unbehagen zurückließ, da sie nicht gelernt hatte, ihren eigenen Empfindungen zu vertrauen.

Weg der Heilung meiner Empathiefähigkeit:

- Ich achte auf meine Gefühle, meine Körperempfindungen und meine Bedürfnisse. Dafür stimme ich mich auf die Gefühle und Bedürfnisse meines Inneren Kindes ein.
- Ich ermutige mein Inneres Kind da, wo es Mut braucht. Ich tröste es da, wo es Trost sucht.
- Ich drücke mich gegenüber anderen aus, wenn es etwas auszudrücken gibt.

Vertrauen

Die Phase des Vertrauens ist die Entwicklungsstufe, in der das Kind anfängt, sich auf seine frühen Bezugspersonen verlassen zu können. Das setzt voraus, dass es ausreichend viel Körperkontakt und emotionale Zuwendung erfahren hat, wodurch es in seiner Identität bestätigt wird. Außerdem hat es die Erfahrung gemacht, dass es in seinen Bedürfnissen ausreichend wahrgenommen wird und diese erfüllt werden. Seine Gefühle erfahren eine adäquate Einstimmung und Resonanz bei den Eltern.

Am Beispiel von Claudia können wir sehen, was passiert, wenn diese Voraussetzungen in der Kindheit nicht gegeben waren. Das Thema Vertrauen spielte in ihrer Beziehung eine zentrale Rolle. Sie wurde zunehmend eifersüchtig und fing an, Stefan zu kontrollieren. Sie spürte, wie ihr Vertrauen in die Beziehung ins Wanken geriet, da sie völlig unvorbereitet bereits in der Kindheit ihren Vater verloren hatte und hatte zugucken müssen, wie ihre Mutter sich einem anderen Mann zuwandte. Genau in dieser Zeit, als Claudia anfing, an der Beziehung zu zweifeln, kam sie zu mir in die Therapie. Sie berichtete mir von den unterschiedlichen Phasen ihrer Partnerschaft. Sie fürchtete, dass es nicht das erste Mal war, dass sie von einem Mann betrogen wurde. Sie erkannte, dass es ihr immer, in jeder Beziehung, passiert war. Das ließ mich aufhorchen. Denn in so einem Fall ist die Wahrscheinlichkeit stets groß, dass die Betroffene eine Prägung in der Kindheit erfahren hat, die dazu führt, dass sie sich selbst nicht wichtig genug nimmt und unbewusst dazu beiträgt, dass ihr immer wieder dasselbe passiert.

Gleich in der ersten Sitzung lud ich sie deshalb ein, die Augen zu schließen und ihren Körper zu spüren, während sie von dem schmerzlichen Betrug ihres Partners erzählte. Ich lud sie auch ein, ihre Gefühle in einer Körperhaltung auszudrücken. Dafür setzte sie sich auf den Fußboden und kauerte sich zusammen. Sie zog ihre Beine an, umschloss sie mit den Armen und legte ihren Kopf nach links gedreht auf den Knien ab. Je mehr sie sich mit diesen Gefühlen identifizierte, umso mehr spürte sie ihren Schmerz und ihre Ohnmacht. Sie fühlte sich komplett einer Situation ausgesetzt, in der sie nicht sein wollte.

Ich fragte sie, ob sie dieses Gefühl schon von früher aus ihrem Leben kennen würde. Dann zogen ihr Bilder von frühen zarten Verliebtheiten in Jungen aus ihrer Schulzeit durch den Kopf. Und immer war es das Gleiche. Die Jungen wollten Sex mit ihr, während sie selbst nur romantische Kuschelfantasien hatte, zwar Händchen halten, sich umarmen und küssen wollte, aber nicht mehr. Von den Jungen fühlte sie sich bedrängt. Sie hatten keine Einfühlung in sie, genausowenig wie ihre Eltern. Schon mit 13 Jahren hatte sie einmal einen Klassenkameraden bei sich zu Hause, der verliebt in sie war. Aber sie nicht in ihn. Auf einmal fragte er sie, ob sie mal seinen Phallus sehen wollte. Da sie sehr neugierig war, wie so etwas aussah, stimmte sie zu. Doch es war ein Schock für sie. Der erschien ihr so groß, dass sie Ekel und Ablehnung verspürte. Sie konnte es sich nicht vorstellen, wie Sexualität mit einem so riesigen Phallus möglich sein sollte.

Ich spürte, wie sie bei dieser Erinnerung in eine regelrechte Schockstarre verfiel. Dann erzählte sie weiter, dass sie sich auch schon von ihren ersten beiden Freunden verraten fühlte, was ihr ohnehin schon wackliges Selbstwertgefühl weiter schwächte.

Diese Erlebnisse von Claudia deuten eindeutig darauf hin, dass sie den Mangel an positiver Spiegelung und Einstimmung auf ihre Bedürfnisse aus ihrem Elternhaus in den ersten Beziehungen wiederholt. Deshalb fiel es ihr auch stets schwer, anderen zu vertrauen.

Der Weg der Heilung meiner Vertrauensfähigkeit:

- Ich nehme mein Inneres Kind und seine Botschaften ernst. Ich gehe auf seine Bedürfnisse ein. Mein Inneres Kind entwickelt Vertrauen zu mir.
- Ich fange an, Vertrauen in das Wissen meines Inneren Kindes zu entwickeln.

Autonomie

Wenn die vorangegangenen Entwicklungsstufen Kontakt, Einstimmung auf die Bedürfnisse und Vertrauensbildung von den Eltern adäquat unterstützt wurden, entsteht in der Folge ein natürliches Autonomiebedürfnis im Kind. Bowlby nennt das auch die Explorationsphase. Da das Kind bereits eine sichere Bindung in sich verankert hat, kann es anfangen, sich zunehmend von der Mutter zu entfernen und neue Dinge allein auszuprobieren.

Je sicherer sich das Kind fühlt, wenn es von der Mutter weggeht und weiß, dass sie immer noch da ist, wenn es wieder zu ihr zurückwill, umso leichter fällt es dem Kind, sich frei zu bewegen. Es kann kommen und gehen. Es kann Neues ausprobieren und sich im Falle des Scheiterns darauf verlassen, dass es getröstet wird. Im Erwachsenen zeigt sich eine gelungene Autonomieentwicklung als das Wagnis zur eigenen Identität, das Bekenntnis zum eigenen Anderssein. Außerdem gibt es eine Balance zwischen Eigendrehung und Verbundenheit, individuellen Impulsen zu folgen und Beziehung zu gestalten.

Ein Kind, dessen erste drei Entwicklungsphasen von Defiziten gekennzeichnet sind, wird sich mit echter Autonomie schwertun. Stattdessen passiert es manchmal, dass Menschen ihre elementare Verunsicherung erst recht umkehren und einen regelrechten Mythos daraus machen, alles allein zu können. Das ist allerdings eher Ausdruck davon, dass sie nicht gelernt haben, auch in einer gesunden Abhängigkeit leben zu können, weil sie kein Vertrauen in die Beziehung zu den frühen Bezugspersonen entwickeln konnten.

Im Erwachsenenalter zeigen sich solche Defizite in Form von einer destruktiven Abhängigkeit. Menschen tun sich dann z. B. schwer, eigenständige Entscheidungen zu treffen. Sie müssen immer andere um Rat fragen. Und selbst das hilft ihnen nicht wirklich, weil sie sich schwertun, die Verantwortung für ihre Entscheidungen zu übernehmen.

Andere Menschen, deren Autonomie schwach ist, bleiben oft auch länger in unstimmigen Beziehungen, weil sie fürchten, nicht allein ohne den anderen klarzukommen.

Da sie wenig Vertrauen in sich selbst haben, haben sie auch wenig Glauben daran, noch einmal einen neuen Partner oder eine neue Partnerin finden zu können.

Die Entwicklung von Autonomie wird im Erwachsenenalter dadurch gestärkt, dass wir die Ich-Kind-Achse stärken. Es geht darum, heute eine bewusste Beziehung zu den elementaren Bedürfnissen des Inneren Kindes zu entwickeln, um dem verunsicherten Inneren Kind heute selbst einen sicheren Hafen zu bieten.

Was bedeutet es aber, dem Inneren Kind einen sicheren Hafen zu bieten? Indem wir die Bedürfnisse des Inneren Kindes ernst nehmen, lernen wir, mit ihm in Kontakt zu sein. Die Befriedigung seiner Bedürfnisse durch uns, lässt es schließlich Vertrauen entwickeln. Hier ein paar Beispiele, die zeigen, wie wir auf die Bedürfnisse des Inneren Kindes eingehen können:

- Wenn das Innere Kind müde ist und ich als erwachsener einen Mittagsschlaf mache.
- Wenn das Innere Kind spielen will und ich meinen kreativen Impulsen folge.
- Wenn ich Hunger habe und mir etwas Leckeres koche.

Am Beispiel von Claudia können wir sehen, dass sie erst einmal lernen musste, überhaupt mit ihrem Inneren Kind Kontakt aufzunehmen. Ihre kleine Claudia wurde von den Eltern ignoriert. Schon von frühester Kindheit an hatten die Eltern ihre eigenen Bedürfnisse in den Vordergrund gestellt. So hatte sie als Kind nie das Gefühl, sicher sein zu können, dass jemand für sie da war, wenn sie jemanden brauchte.

Ihre elementaren Bedürfnisse, versorgt zu werden, ein warmes Mittagessen zu bekommen, wenn sie aus der Schule kam, Trost zu erhalten, wenn sie traurig war – der Verlust des leiblichen Vaters durch die Trennung von ihrer Mutter wurde nie thematisiert –, oder die Kleidung zu bekommen, die sie sich wünschte, wurden alle ignoriert.

In der Folge zweifelte sie lange Zeit an ihrer Existenzberechtigung. Bereits bei ihrem ersten Liebeskummer nach einer gescheiterten romantischen Verliebtheit mit 15 Jahren hatte sie ihre ersten Suizidfantasien.

Die Partnerschaft mit Stefan, die ich über zwei Jahre begleiten durfte, war für Claudia bei aller Herausforderung trotzdem ein Ort, an dem ihre Kindheitswunden allmählich heilen konnten. Erst der Umstand, dass sie selbst Mutter von zwei Kindern wurde, führte sie näher an ihre eigene Kindheit heran.

Das zeigt, wie sehr ein echtes Einlassen auf eine Partnerschaft auch eine große Chance zur zunehmenden Bewusstwerdung beinhaltet. Dafür braucht es aber vor allem eine Haltung der Liebe. In der Psychosynthese wird die Liebe als eine Fähigkeit des Ichs angesehen. In diesem Verständnis ist sie kein romantisches Gefühl, sondern eine akzeptierende und liebevoll annehmende Haltung. Diese können wir zunächst in der Beziehung mit unserem Inneren Kind einüben, indem wir es grundsätzlich mit allen Bedürfnissen und Gefühlen annehmen. Das ist nicht zu verwechseln damit, alles gutzuheißen. Die Akzeptanz ist die Fähigkeit, das Bedürfnis, was gerade in diesem Moment da ist, zu akzeptieren, ohne unbedingt sofort darauf einzugehen. Das wäre der zweite Schritt.

Wenn ich diese annehmende Haltung gelernt habe mir selbst gegenüber einzunehmen, kann ich genauso lernen, sie auch in meiner Partnerschaft zu praktizieren.

Häufig passiert eher das Gegenteil. Wenn der andere etwas macht, was mir nicht gefällt, fallen oft Urteile über den anderen. Das ist aber nie beziehungsfördernd. Den anderen jedoch zunächst anzunehmen und dann neugierig nachzufragen, was denn bei ihm oder ihr passiert ist, wie wir es im Fallbeispiel bei Claudia und Stefan gesehen haben, kann zu einer echten Transformation in der Beziehung führen.

Weg der Heilung meiner Autonomiefähigkeit:

- Aus der Verbundenheit mit meinem Inneren Kind entwickelt sich eine sichere Bindung in mir.
- Diese Bindung ist das Fundament für mehr Autonomie und Selbstbewusstsein.
- Durch mein neues Selbstbewusstsein kann ich mich aus destruktiven Beziehungsmustern verabschieden.
- Die Verbundenheit mit meinem Inneren Kind ist der Anfang innerer Freiheit.

Liebe und Sexualität

Erich Fromm vereint in seinem Buch »Die Kunst des Liebens« die Liebe mit der Sexualität, indem er der Liebe, das Verlangen nach dem Erkennen des anderen als das, was er ist, zuschreibt. In der Vereinigung der Liebenden erfülle sich diese Sehnsucht.

Liebe und Sexualität als menschliche Grundbedürfnisse haben in Kindheit und Jugend zwei Entwicklungsphasen. Die Erste ist zwischen vier und sechs Jahren, wenn sich das Kind seiner Geschlechtsidentität bewusst wird. Die Doktorspiele, die viele in diesem Alter machen, sind ein Erkennungszeichen dieser Phase. Abhängig davon, wie die Eltern mit den Selbstberührungen unserer Genitalien und auch den Doktorspielen umgehen, entwickeln wir eine natürliche Beziehung zu unserer Sexualität und können sie mit der Liebe verbinden.

Die zweite Phase von Liebe und Sexualität entwickelt sich in der Pubertät zwischen zwölf und 15 Jahren, wenn wir geschlechtsreif werden, sich unser Körper vom Mädchen zur Frau und vom Jungen zum Mann entwickelt. Die Phase ist für die Eltern oft eine große Herausforderung und bringt diese mit ihren eigenen Schwierigkeiten im Umgang mit Sexualität in Kontakt.

Viele Menschen ernteten in diesen zwei Phasen böse Blicke für ihr Interesse an den Geschlechtsorganen. Dadurch muss das Kind seine Geschlechtlichkeit ablehnen und empfindet später im Erwachsenenleben oft Scham darüber, wenn der Partner z. B. sehr offen erotisch-sexuelle Wünsche äußert oder gar praktizieren will.

Die folgenden drei Fallbeispiele zeigen, welche Komplikationen für den Erwachsenen im Umgang mit Liebe und Sexualität entstehen, wenn in der Kindheit gravierende schwierige Erfahrungen rund um das Thema Sexualität gemacht wurden.

Tragischerweise ist genau die Sexualität das, was zwei Menschen zu einem Liebespaar verbindet. Hier ist unsere empfindlichste Stelle, wie wir bei Claudia und Stefan miterleben konnten. Umso wichtiger ist es, dass wir erkennen, welche biografischen Prägungen wir verinnerlicht haben, die uns im Weg stehen, unsere Liebe auf natürliche Weise mit unserer Sexualität und Hingabe zu verbinden. Sehen wir uns dazu drei Beispiele an.

Anna (Polizistin, Anfang vierzig) litt unter Beziehungsschwierigkeiten infolge von sexuellem Missbrauch im Alter von ca. fünf bis sechs Jahren durch ihren Stiefvater. Sie hatte gelernt, dass die einzige Art von Beziehung zu diesem Mann darüber funktionierte, dass sie es zuließ, sich genital von ihm berühren zu lassen und ihm zu bestätigen, dass sie das schön fände. Das Gegenteil war der Fall. Aber sie konnte sich nicht dagegen wehren. Der leibliche Vater hatte sich zurückgezogen, als sie drei Jahre alt war. In einem therapeutischen Prozess schaffte sie es, sich aus dem Gefühl völliger Unterlegenheit zu befreien, indem sie sich aktiv mit ihrer inneren Polizistin identifizierte, die einen starken Kollegen zur Seite hatte. Sie fantasierte, in das Kinderzimmer von einst zu gehen, in dem der Stiefvater sie regelmäßig missbraucht hatte, und ihn mit aller Macht zu stellen. Erst seit diesem heftigen Selbstausdruck schaffte sie es, sich von ihrem Ex-Freund konsequent abzuwenden, der immer noch mit ihr digital flirtete, obwohl er zwischenzeitlich eine andere Freundin hatte, die wenige Tage vor unserer Therapiestunde sogar ein Kind von ihm bekommen hatte. Auf die Frage an ihr Inneres Kind »Was machen wir jetzt?« nahm ihre kleine Anna sie, die erwachsene Anna, bei der Hand und sagte: »Komm, wir gehen!« Dabei wirkte das Mädchen in ihr stark und selbstbestimmt. Meine Klientin erkannte, dass sie bisher in ihrem Leben Männer immer über Sexualität an sich binden wollte, ihre Seele dabei aber oft verriet.

Thomas musste den Sex seiner Eltern miterleben, weil sein Bett im selben Schlafzimmer stand. Dabei war offensichtlich, dass, auch wenn die Mutter nicht wollte, der Vater sie zum Geschlechtsverkehr zwang. Er ignorierte die Bedürfnisse der Mutter, was zur Folge hatte, dass Thomas den Vater ablehnte. Er identifizierte sich mit der Not der Mutter und lernte so, sich stark auf die Bedürfnisse der Frau einzustimmen. Stets hatte er das Gefühl, die Frauen vor etwas Schlimmem bewahren zu müssen. Das führte dazu, dass er seine eigenen Bedürfnisse kaum wahrnehmen, geschweige denn seiner Partnerin gegenüber ausdrücken konnte. In einem Traum während einer Seminarwoche zum Inneren Kind war die Batterie seines Autos leer. Erst nach einem ergreifenden Gruppenritual, in dem alle Kursteilnehmerinnen ihm etwas Wertschätzendes ausgedrückt hatten, war die Batterie seines Autos in der Fantasie wieder aufgeladen und er konnte mit seinem glücklichen Inneren Kind losfahren.

Tanja (fünfzig Jahre alt) hatte sehr prüde Eltern, die jedwede Form von Erotik und Sexualität im Fernsehen von ihr fernhalten wollten. Schon beim Küssen in Filmen sollte sie weggucken. Mit zwölf oder 13 Jahren wachte sie nachts einmal mit einem Angsttraum auf und suchte Schutz bei den Eltern. Völlig unschuldig lief sie ins Schlafzimmer und erlebte, wie die Mutter beim Sex auf ihrem Vater saß. Es war ein Schock für sie. Ab dem Moment zerbrach das Vertrauen zu den beiden und sie fühlte sich als Einzelkind sehr allein mit dieser Erfahrung. Zum Zeitpunkt ihrer Seminarteilnahme war sie seit sechs Jahren ohne Partnerschaft. In der Sexualität fehlte ihr ihre Hingabefähigkeit. Einige Zeit nach dem Seminar berichtete sie auf einem Wiedersehenstreffen, dass sie eine neue Beziehung führe, die ganz anders sei, als sie das jemals erlebt hätte.

Weg der Heilung meiner Liebes- und Hingabefähigkeit in der Sexualität:

- Durch die Verbundenheit mit meinem Inneren Kind entwickle ich eine Treue zu mir selbst und traue mich, mich mit allen Empfindlichkeiten zu zeigen.
- Aus Treue zu meinem Inneren Kind höre ich auf, mich in der Erwartungserfüllung meiner Partnerin zu verlieren.
- Aus der sicheren Verbindung mit meinem Inneren Kind kann ich mich meinem Partner vertrauensvoll hingeben.

Sichere versus unsichere Bindung

Jedes Kind durchläuft während der ersten fünf bis sechs Lebensjahre diese fünf Entwicklungsphasen: Kontakt, Einstimmung/Empathie, Vertrauen, Autonomie, Liebe und Sexualität. Gelingt es den Eltern bzw. den frühen Bezugspersonen des Kindes, jedem Entwicklungsabschnitt ausreichend gerecht zu werden, ist zu erwarten, dass dieses Kind eine sichere Bindung entwickelt.

Sichere Bindung bedeutet nach John Bowlby[30], dass das Kind in sich so gefestigt ist, dass es mit Frustrationen durch Trennungen von der Mutter klarkommen kann. Es hat in den ersten Lebensjahren erlebt, dass die Mutter ausreichend viel Zeit in seiner Nähe verbracht hat und sich in Angst- oder Stresssituationen verlässlich auf seine Bedürfnisse eingestimmt, es beschützt oder getröstet hat. Dadurch konnte es ein Urvertrauen entwickeln. Wenn die Mutter weggeht, ist es traurig und kann sich selbst regulieren. Wenn die Mutter wieder zurückkommt, freut es sich. Durch die sichere Bindung entwickelt das Kind auf der anderen Seite auch einen starken Drang, seinen Umraum zu erkunden. Diesen Drang nennt man Exploration.

Wenn es Störungen in einzelnen Phasen gibt, hat dies immer Auswirkungen auf die nächste Entwicklungsstufe. Da alle Entwicklungsphasen des Kindes Reifeschritte in der Beziehungsentwicklung sind, entsteht durch diese Erfahrungen in der Bindungsentwicklung zu den frühen Bezugspersonen die *innere Kartografie der Liebe.*

Bei Menschen, die keine verlässlichen Erfahrungen dieser Art in der Kindheit gemacht haben, entstehen große Unsicherheiten im Hinblick auf die Verlässlichkeit des anderen.

Bowlby unterteilt die Variante der unsicheren Bindung in drei Unterkategorien:

- *Die unsicher-ambivalente Bindung* ist die Folge von angedrohten oder realen Trennungen. Das Kind erfährt wenig Unterstützung durch die Mutter. Sie ist nicht verlässlich für es verfügbar. Das Kind hat daher Trennungsängste, klammert und hat wenig Drang, den Umraum zu erforschen und sich von der Mutter zu entfernen.
- *Die unsicher-vermeidende Bindung* entsteht durch Erfahrungen von Ablehnung der Mutter in Konfliktsituationen. Daher vermeidet das Kind Bindung und verzichtet auf die Suche nach Nähe und Unterstützung. Es kehrt nur schwer zu seinem Spiel zurück.
- *Die desorganisierte Bindung* entsteht bei traumatisierten Müttern oder wenn die Mutter das Kind immer wieder erschreckt oder verängstigt. Die Rückkehr der Mutter nach einer Trennung hat keinen beruhigenden Effekt auf das Kind. Es schafft es kaum, sich selbst wieder zu beruhigen, sondern reagiert chaotisch.[31]

Nach Diane Poole Heller ist unser Bindungsstil der »ursprüngliche Bauplan« dafür, wie wir andere Menschen und die Welt um uns herum wahrnehmen, uns mit ihnen verbinden und zu ihnen in Beziehung treten.[32]

Unser Bindungsstil ist ebenso wie alle anderen Erfahrungen im impliziten Gedächtnis abgespeichert. Als unsere innere Landkarte der Liebe hat er uns nicht nur selbst geprägt, sondern ist auch dafür verantwortlich, dass unser Gehirn diesen Bindungsstil unbewusst auf andere Menschen im erwachsenen Leben überträgt. Daher beeinflusst er uns auch in unserer Partnerwahl, unserer Beziehungsgestaltung, unserem Umgang mit uns selbst und den daraus resultierenden Gefühlen. Im schlimmsten Fall kommt es zu einer Schwächung unseres Immunsystems.[33]

Befreiung von der elterlichen Macht

Wie du inzwischen schon erfahren hast, ist es wichtig, sich intensiv mit der eigenen Kindheit auseinanderzusetzen, um im Erwachsenenleben eine Chance auf Glück, Zufriedenheit und eine erfüllte Beziehung zu haben. Dazu ist es häufig notwendig, sich innerlich von den Eltern-Introjekten zu lösen. Ein mögliches Tool dafür ist das Schreiben eines Briefes, wie ich es Claudia beispielsweise geraten habe. Sehen wir uns doch einfach an, was sie ihrer verinnerlichten Mutter zu sagen hatte.

»So, Mama, jetzt will ich Dir endlich einmal sagen, wie schlimm meine Kindheit eigentlich für mich war. Das Schlimmste war, dass Du Peter in unser Leben gebracht hast.

Dabei hast Du leider völlig übersehen, dass Du auch die Verantwortung für zwei Kinder hattest. Das hat Dich aber überhaupt nicht interessiert. Du wolltest nur ihn.

Schließlich hast Du meinen Bruder und mich sogar gefragt, ob wir damit einverstanden wären, wenn Du ihn heiraten würdest. Das war großartig! Aber unser einstimmiges Nein zu übergehen, war Dein schlimmster Verrat an unseren Seelen.

Kannst Du Dir vorstellen, dass ich bis heute in meinen Beziehungen immer noch erlebe, dass meine Wünsche und Bedürfnisse nichts zählen!? Dass andere meine Bedürfnisse genauso ignorieren, wie du sie ignoriert hast?

Als Ihr dann schließlich gegen unseren Kinderwillen verheiratet wart, hast Du Dich nie schützend vor mich gestellt, wenn Peter mich immer wieder mit tötendem Blick anbrüllte, weil ich seine Erwartungen im Haushalt nicht erfüllt hatte. Es wäre Deine Aufgabe gewesen, das zu tun, aber nicht die Deiner Kinder.

Mittagessen hast Du uns auch nicht gekocht, nur wenn er am Wochenende auch zu Hause war. Während der Woche, wenn ich hungrig aus der Schule kam, hast Du mir gesagt: ›Wenn du Hunger hast, mach dir doch ein Butterbrot.‹ Weißt Du eigentlich, wie schlimm das ist, *das* mit sechs Jahren gesagt zu bekommen!? Wie lieblos, wie kalt!?

Deine Vernachlässigung zusammen mit Peters Ablehnung hat mir immer das Gefühl gegeben, dass ich nichts wert bin und dass ich (fast) keine Berechtigung habe, da zu sein, zu existieren.

Alles andere war Dir wichtiger. Vor allem Euren Sex durfte ich mir immer anhören. Ich bin stinksauer auf Euch beide, was Ihr mir damit zugemutet habt. Bis heute ist es ein Höllenstress für mich, in Hotelzimmern den Sex von anderen Paaren mitzubekommen. Das war respektlos und ekelhaft von Euch. Ich war in Panik dadurch. Ich dachte, der Peter bringt Dich um. Ihr habt Euch beim Sex total gehen lassen! Wie besoffen müsst Ihr gewesen sein, dass Ihr vergessen habt, dass da noch zwei Kinder in der Wohnung waren?!

Wie es mir ging und was ich brauchte, interessierte Dich nicht. Das spielte für Dich keine Rolle. Es ging immer nur um Dich! Ich bin so wütend auf Dich. Ja, wütend! Wütend! Und noch einmal, *wütend*! Hast Du das kapiert?

Dass ich mir das heute erlaube, mir meine ganze Wut auf Dich einmal selbst einzugestehen, das tut mir richtig gut. Immer hast Du Peter als den Bösen dargestellt. Du tatest so, als ob Du für meine Leiden nichts könntest. Er war der Böse. Aber wenn Du mich vor seinen Attacken beschützt hättest, hätte er nicht eine solche Macht über mich haben können.

Ich habe erkannt, wie sehr Deine Ignoranz mir gegenüber dazu geführt hat, dass ich mich in Beziehungen immer wieder so anstrenge, den anderen zu entlasten, um ein Fünkchen Liebe dafür zu bekommen. Du hast mir das Gefühl gegeben, dass ich nur ein Recht habe, da zu sein, wenn ich die Erwartungen der anderen erfülle und das fleißige Lieschen bin.

Und dass ich mich nicht richtig hingeben kann, weil Sex mit Todesangst in mir verschaltet ist, das geht auch auf Dein Konto. Stattdessen muss ich immer zugucken, wie mich meine Freunde mit anderen Frauen hintergehen. Und schließlich habe ich sogar noch Verständnis dafür. Denn ich ziehe mir den Schuh an, weil ich selbst ja nicht richtig hingabefähig bin. Und dann dürfen die Männer mich ja ruhig betrügen. Und wenn sie mich dann betrügen, dann fühle ich mich wie damals, als Du mich aus Deinem Leben ausgegrenzt hast, wenn Du die Wohnzimmertür abgeschlossen hast, um mit Peter Sex zu haben. Ich gehörte einfach nicht dazu.

Heute habe ich endlich erkannt, dass ich auch ein Recht darauf habe, dass meine Bedürfnisse wahrgenommen und erfüllt werden. Nicht nur Deine! Und ab heute kümmere ich mich selbst um mein Inneres Kind, meine kleine Claudia. Sie hat es verdient, geliebt zu werden.

Als ich ausziehen wollte, hast Du sogar noch versucht, mich davon abzuhalten. Es sei doch viel praktischer, zu Hause zu wohnen. Wie sehr musst Du an mir vorbeigeguckt haben, um nicht zu begreifen, wie quälend und demütigend dieses Zusammenleben mit Dir und Peter war.

Stattdessen soll meine kleine Claudia jetzt alles von mir bekommen, wofür Du zu faul warst: gutes frisch gekochtes Essen, frisch gebügelte Wäsche, ein Zuhause mit einem warmen Kaminfeuer, Liebe, Wärme und Geborgenheit. Sie hat es so sehr verdient.

Meine kleine Claudia strahlt mich jetzt an und ist von Deiner Missachtung ihrer zarten Seele und ihrer Ausnutzung als Haushaltshilfe erlöst!

Und ich bin frei und kann wieder atmen.

Deine Tochter Claudia«

Der Brief als positive Form des Selbstausdrucks

Wenn du oft Wut in dir spürst, sie aber unterdrückst oder sie ausdrückst und dabei unter Umständen über das Ziel hinausschießt, empfehle ich dir, so wie Claudia einen Brief an die »Eltern in deinem Kopf« zu schreiben. Betagten Eltern einen solchen Brief zu schicken, macht keinen Sinn! Bitte tu das nicht!

Aber für die eigene Seelenhygiene kann es entlastend und regulierend sein, zurückgehaltene Gefühle wie Wut und Trauer einmal zu benennen und auszusprechen. Dadurch irren sie nicht mehr heimatlos in uns herum, sondern werden dorthin geleitet, wo sie hingehören. Die Wahrscheinlichkeit, dass wir danach noch Wut am falschen Ort ausagieren, ist deutlich geringer.

Dieser Brief gibt dir Gelegenheit, endlich einmal alle Gefühle, die du gegenüber deiner Mutter bzw. deinem Vater oder beiden zusammen hast, auszudrücken.

Übung: Brief an die Eltern

Denke an deine Mutter / deinen Vater und alles, was dich deine ganze Kindheit hindurch oder auch nur in einer bestimmten Phase belastet hat. Schreibe es ihr/ihm unbedingt aus der Perspektive deines erwachsenen Ichs und nicht aus der Kind-Position. Und drücke dabei alle deine zurückgehaltenen Gefühle aus, erzähle, wie du es findest, dass sie/er so mit dir umgegangen ist.

Dann frage dich weiter, welche Konsequenzen das für dein Leben, deine Liebe, deine Partnerschaften, deinen Job, den Umgang mit deinen Kindern, Freunden, Bekannten und Kollegen hat. Und welchen Einfluss hat es darauf, wie du dich heute selbst siehst und wie du mit dir selbst umgehst? Wie wirkt sich das auf dein Selbstwertgefühl und deine Selbstliebe aus?

Richte das alles an die verinnerlichte junge Mutter oder den jungen Vater deiner Kindheit.

Schließlich frage dich, wie du heute anders und besser mit dir umgehen willst. Schreibe ihr/ihm auch das.

Ziel dieses Briefes ist es, einmal alle Gedanken und Gefühle, die in deinem Kopf »herumirren« auf den Punkt zu bringen und sie auszudrücken. Die Konfrontation in einem Brief-Lese-Ritual ist in Wirklichkeit heute ein innerer Kampf. Es ist wie in den Heldenmythen, wo ein Held gegen den Dämon des Widerstandes kämpft und am Ende siegt.

Die Eltern-Introjekte haben auch etwas »Dämonenhaftes«, wenn sie uns bis heute davon abhalten können, endlich wir selbst zu sein. Und dieses Dämonenhafte gilt es im Inneren niederzuringen. Dazu zählen Infragestellung, Kritik, Erwartungen, Entwertung, Vernachlässigung, Gewalt, Missbrauch – alles, was uns aus der Prägung bis heute belastet und verhindert.

Helden folgen bekanntermaßen einem Ruf und einer Vision. Insofern ist es auch wichtig, den Eltern-Introjekten zuzumuten, wie dein eigener neuer Lebensweg aussieht.

Die äußeren Eltern können heute nur noch so viel Macht über uns haben, wie wir ihnen innerlich geben, indem wir uns mit ihren alten Programmen weiter identifizieren. Und das können wir heute verändern, indem wir unser Inneres Kind an die eigene Hand nehmen und ihm heute alles erlauben, was wir als Erwachsene selbst verantworten können. Das ist der Anfang echter Selbstbestimmung. Solange wir uns im Inneren noch leiten lassen von den Stimmen der

Eltern-Introjekte, leben wir in der Fremdbestimmung und können unser volles Potenzial gar nicht ausschöpfen. Indem wir die Introjekte jedoch mit ihren Versäumnissen und Fehlleistungen innerlich konfrontieren, holen wir uns unsere eigene Kraft, die bisher fehlgeleitet war, zurück.

Brief-Vorlese-Ritual

Mit Claudia habe ich anhand ihres Briefes ein Vorlese-Ritual durchgeführt. Der Brief war an das Mutter-Introjekt gerichtet. Sie hat sich die Mutter ihrer Kindheit in der Fantasie vorgestellt und ihr dann ihren Brief vorgelesen. Darin hat sie alles ausgedrückt, was sie schon immer belastet hatte. Immer wieder hat sie dafür die Augen geschlossen, um sicherzustellen, dass die Mutter im Inneren auch zuhört. Zunächst wollte diese sich noch wehren und behauptete, dass das doch alles normal sei. Kinder hätten doch häufig den Sex der Erwachsenen mitbekommen. Aber je entschiedener sich Claudia behauptete und ihr auch die Konsequenzen für ihr eigenes Leben vortrug, umso mehr fühlte sich die imaginierte Mutter aus der Kindheit beschämt und sank im inneren Bild auch immer mehr in sich zusammen. Das wiederum beflügelte Claudia sehr, da sie spüren konnte, dass ihre Worte endlich einmal eine Wirkung bei der verinnerlichten Mutter erzielten. Auf einmal fühlte sie sich entlastet und körperlich aufrechter. Ein Leben lang trug sie diese Wut mit sich herum. Und statt sie dort auszudrücken, wo sie ursprünglich hingehört, hat sie unendlich viele Streitereien mit Stefan ausgetragen und ihre unterdrückte Wut auf die Eltern auf ihn übertragen.

Das Drama für viele Menschen ist heute tatsächlich,

dass ihre realen, »alten« Eltern, sofern sie noch leben, keine Macht mehr über ihr Leben haben. Aber dadurch, dass sie als neuronale Netzwerke in unseren Gehirnen fest verankert sind, haben sie immer noch die Macht der Fremdbestimmung über uns. Das aber nur so lange, bis wir sie im eigenen Inneren entmachten. Dafür müssen wir uns dessen bewusst werden, dass und wie sie in unserem Inneren wirken.

Psychologie des Selbstausdrucks

Mit meinem Kollegen Harald Reinhardt haben wir im Rahmen unserer gemeinsamen Ausbildungsgruppen die wichtigsten Effekte von Selbstausdruck über Jahre zusammengefasst. Das Thema Selbstausdruck hat eine enorme Bedeutung mit unmittelbaren Resultaten für unsere psychische und physische Gesundheit.

Aus der eigenen Kindheit kannte ich vor allem wenig zieldienliche Affektentladungen meines Stiefvaters. In Fällen größter Frustration kulminierte seine Wut in Suizidandrohungen, während er das Haus verließ und anschließend mit dem Auto wegraste. Der Rest der Familie blieb erschüttert und verstummt zu Hause zurück, zwischen der Sorge um ihn und der Hoffnung, dass der Wahnsinn bald mal ein Ende hätte.

Im Unterschied dazu ist ein erfolgreicher Selbstausdruck in der Psychosynthese immer an eine Bezugsperson gerichtet. Es geht darum, belastende, manchmal auch traumatische Erfahrungen und die damit verbundenen Gefühle in einem inneren Prozess der betreffenden Person gegenüber klar zu artikulieren. Dafür ist das Schreiben eines Briefes ein wirksames Instrument, das einen hilfreichen Leitfaden darstellen kann. Der eigentliche Prozess ist vor allem ein inneres Erleben, das niemals Schaden anrichten kann. Dieser Gefühlsausdruck wird nicht nur »gedacht«, sondern für den Erfolg ist es von großer Bedeutung, alle Gefühle wirklich stimmig, laut und entschieden an die Person im Inneren gerichtet auszusprechen.

Durch diesen unmittelbaren Selbstausdruck, wie wir ihn anhand von Claudias Brief an ihr Mutter-Introjekt verfolgen konnten, werden Erlebnisse und Gefühle benannt wie nie zuvor. Das hat vor allem dann einen heilenden Effekt, wenn wir die ganze Zeit mit der Bezugsperson, der der Ausdruck gilt, innerlich in Kontakt bleiben und sie, so gut es geht, auch im inneren Bild imaginieren. Die Erfahrung zeigt, wie wir auch bei Claudia sehen konnten, dass sich das Mutter-Introjekt genauso verhielt wie in der Realität. Das zeigt die Macht der neuronalen Netzwerke im Gehirn, die wir uns vielleicht auch wie Fußspuren in weicher feuchter Erde vorstellen können. Dadurch entstehen dann auch unsere typischen Gefühle, wie wir sie aus der Kindheit seit jeher kennen.

Durch den Selbstausdruck können wir diese »Fußspuren« verändern und sie verlieren dann an Bedeutung. Manchmal braucht es auch einige Wiederholungen. Aber wenn es gelingt, dass wir es auf den Punkt bringen, was wir dem anderen sagen wollen, dann ist der Effekt jedes Mal sehr eindrucksvoll. In der Folge fühlen wir uns meistens stark und vital. Die Energie kann im ganzen Körper wieder frei strömen, wir sind voller Gefühl, direkt und unmittelbar präsent. Für unsere Mitmenschen sind wir im Raum spürbar anwesend, kraftvoll. Unsere Mimik und Gebärden werden wieder lebendiger, unsere Sprache fließt. Wir kommen endlich an den Punkt, an dem wir es wagen, uns authentisch zu zeigen.

Körperliche Effekte unseres Selbstausdrucks machen sich oft in der Herz-Brust-Region bemerkbar. Der Herzschlag reguliert sich, oft senkt sich sogar der Blutdruck, der Atemfluss wird befreit und geht tiefer bis in den Bauch.

Wir kriegen wieder Luft. Die Wirbelsäule richtet sich auf, streckt sich wieder in ihre natürliche Vertikale. Der Körper wird von einem wohlig warmen Energiefluss durchströmt. Unsere Augen bekommen wieder Glanz und leuchten. Und selbst unser Schlaf profitiert davon, weil sich unser Autonomes Nervensystem aus einem Erregungszustand der zurückgehaltenen, gestauten Gefühle wieder in einen entspannten Zustand der Zufriedenheit regulieren kann.

In eigenen lehrtherapeutischen Sitzungen am Anfang meiner traumatherapeutischen Ausbildung (Anfang der 2000er-Jahre) habe ich es früher immer wieder erlebt, dass Wut in mir aufstieg. Die sollte ich dann im Körper spüren. Aber es war fast ein Tabu, Wut gegenüber Bezugspersonen zu artikulieren. Ich erlebte das als eine verpasste Chance, weil ich ja bereits seit Jahren die Arbeit mit dem befreienden Selbstausdruck praktizierte.

Daher will ich hier gerne ein Plädoyer für den mutigen Ausdruck von Wut und Trauer bei traumatisierten Menschen halten. Gerade durch das Vermeiden dieses Gefühlsausdrucks bleiben viele Menschen jahrelang in alten Gefühlen stecken. Der Selbstausdruck befreit von den belastenden Erfahrungen. Sicherlich ist kompetente Begleitung dafür hilfreich.[34] Aber zu wissen, dass es wichtig ist, die belastenden Gefühle auszudrücken, kann vielleicht auch schon entlasten.

Sogar der Selbstausdruck von Liebe geschieht viel zu selten. Einmal erlebte ich im Rahmen einer Seminargruppe, wie ein Kursteilnehmer eine Demo-Sitzung zum Selbstausdruck mit mir in der Gruppenmitte machen wollte. Ich fragte ihn, um welche Person es dabei ginge. Da sagte er: »Meine beiden Töchter. Ich habe ihnen nie gesagt, wie sehr ich sie liebe.« Es folgte ein sehr berührender Prozess, in dem er sich nacheinander an seine Töchter wandte und ihnen seine ganze Liebe zeigte. Dabei musste er weinen. Fast alle Frauen im Raum fingen ebenfalls an zu weinen, weil sie nie erlebt hatten, dass ihre Väter ihnen ihre Liebe ausgedrückt hatten.

Der psychologische Effekt des Selbstausdrucks reinigt die Seele von behindernder Vergangenheit. In der griechischen Tragödie, in der der Betrachter alle Gefühle der Darsteller durchleben sollte, nannte man das schon Katharsis. Dadurch entsteht eine Weiterbewegung in der Beziehungsdynamik, die antidepressiv wirkt.

Der Selbstausdruck gegenüber Eltern-Introjekten unterstützt uns dabei, uns von ihrer unbewussten Macht zu befreien. In der inneren Abgrenzung von den Eltern verbinden wir uns mehr mit uns selbst. Das stärkt unser Ich und als Gesamtpersönlichkeit werden wir kohärenter, das heißt, »zusammenhängender«.

Wir lernen durch den Selbstausdruck auch, mehr innere Gegensätze zu vereinen. Das wiederum stärkt unsere Persönlichkeit, die durch den Selbstausdruck ihre Seele immer mehr aufleuchten lässt. Selbstausdruck heißt auch, sich selbst zu gebären.

Je weniger wir durch alte Identifikationen mit den Eltern-Introjekten identifiziert sind, umso freier und kreativer werden wir. Dann können wir endlich ganz wir selbst sein.

Der größte Feind des Selbstausdrucks sind unsere eigenen Eltern-Introjekte im Inneren, die uns gelehrt haben, wie man sich benimmt, was man darf und was nicht. Es sind Fehlanpassungen, Selbstkritik und Bewerterstimmen. Manchmal ist es auch die Angst, die Zugehörigkeit zu verlieren, wenn wir uns so zeigen, wie wir sind. Oder bestimmte Ideale von uns, wie wir gerne wären.

Die stärkste Ermutigung zum Selbstausdruck geht innerlich in der Regel vom Inneren Kind aus, das sich nichts sehnlicher wünscht, als endlich ein erfülltes Leben mit uns zu leben, frei von den Regeln der Eltern-Introjekte.

Das Innere Kind

Inzwischen gibt es auf dem Buchmarkt eine verwirrende Vielfalt von Büchern zum Inneren Kind. Einerseits empfinde ich das als Fortschritt, weil es zeigt, dass die Idee des Inneren Kindes gesellschaftsfähig geworden ist. Andererseits gibt es auch große Unterschiede im theoretischen Verständnis und der praktischen therapeutischen Anwendung.

Mein tiefenpsychologisches Verständnis des Inneren Kindes basiert auf den Grundlagen der Psychosynthese und von dreißig Jahren Erfahrung an Seminartätigkeit mit Gruppen von bis zu vierzig Teilnehmern. Es ist eher die Ausnahme, dass es intrinsisch motivierten Seminarteilnehmern nicht gelingt, mit ihrem Inneren Kind in Kontakt zu kommen. Daher scheint es mir nur natürlich, mit dem Inneren Kind als einem therapeutischen Instrument heilsame Prozesse zu begleiten. Es ist nichts Kompliziertes, aber hochwirksam, eine Verbindung zum Inneren Kind aufzubauen. Für mich ist es der zentrale Schlüssel zur Selbstliebe.

Wie bereits erwähnt, hat die Psychologin Dr. Stefanie Neubrand jüngst einen neuen Begriff geprägt für die Einfühlung in uns selbst. Für die Einfühlung in andere Menschen gibt es das Wort »Empathie«. Die Einfühlung in uns selbst nennt sie »Impathie«. Für mich ist eine fruchtbare Innere-Kind-Arbeit ein Instrument, wie Menschen Impathie sehr schnell entwickeln können.

Wenn Personen traumatisiert sind, fällt es ihnen oft schwer, überhaupt etwas zu fühlen, geschweige denn eine liebevolle Einfühlung in sich selbst zu haben. Daher scheint es mir in dem Zusammenhang sehr bereichernd zu sein, wenn es gelingt, eine Einfühlung in das Innere Kind zu entwickeln. Dieses steht uns im Inneren wie jemand anders gegenüber. Dass es dabei eine wichtige Facette von uns selbst abbildet, ist nur ein positiver Nebeneffekt. Aber tatsächlich ist die Einfühlung in das Innere Kind auch ein ernst zu nehmender Faktor für die Entwicklung von »Impathie«.

Exkurs: Wissenschaftliche Studien zur Inneren-Kind-Arbeit

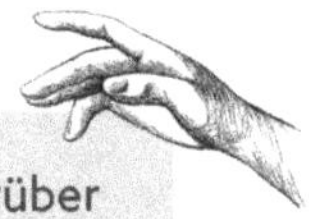

2016 wurde an der Universität Leiden eine Studie darüber gemacht, ob Achtsamkeit in unserer Inneren-Kind-Arbeit nach dem Kölner-Psychosynthese-Modell wissenschaftlich nachweisbar ist. Die Antwort ist ja. Die Studie von Dr. Dr. Kerem Böge (heute Charité Berlin) ist im Literaturverzeichnis aufgeführt. Ebenso konnte in einer früheren Studie im Jahr 2012 von Dr. Eike Stut auch die therapeutische Wirksamkeit des Kölner-Psychosynthese-Modells nachgewiesen werden. Neben dem Effekt deutlicher psychosomatischer Entlastungen auch in der Langzeitwirkung ist eines der eindrucksvollsten Ergebnisse der Übergang von der Fremdbestimmung zur Selbstbestimmung.

Das ist insbesondere im Zusammenhang mit entwicklungstraumatischen Belastungen besonders relevant, weil die Teilnehmer der Studie sich von der verborgenen Macht unbewusster »Täter-Introjekte« ihrer Kindheit befreien konnten.

Eines der wichtigsten Instrumente, die die Betroffenen aus ihrer Ohnmacht der Opfer-Identifikation befreien, ist der Selbstausdruck ihrer Gefühle. Bisher konnte ich im traumatherapeutischen Kontext keine Schule finden, die einen adäquaten Umgang mit der oft zügellosen Wut von traumatisierten Klienten entwickelt hätte. Meistens geht es darum, die Wut nach unten zu regulieren. Aber ist es nicht legitim, der berechtigten Wut auch einmal in einem geschützten Rahmen ein Sprachrohr zu verleihen?

Wut und Trauer sind eine feste Größe als Traumafolge. Psychosomatisch sind sie hochgradig relevant. Studien zeigen, dass traumatisierte Menschen deutlich stärker gefährdet sind, infolge dieser unterdrückten Gefühle, die dann nach innen retroflektieren, psychisch unter Depressionen zu leiden. Oder körperlich an Herzkrankheiten, Diabetes, Krebs, Schlaganfällen, Drogen- und Alkoholkonsum. Nicht wenige begehen auch Suizid.[35] Im weiteren Verlauf werde ich dir an Beispielen zeigen, wie ein wirksamer Selbstausdruck aussehen kann.

Als ich selbst Mitte der 1990er-Jahre mit meiner gestalttherapeutischen Ausbildung bei Paul Rebillot startete, hieß das Motto: »Act it out!« Das war damals noch alles sehr wild. Als Opfer eines Entwicklungstraumas habe ich es jedoch als befreiend erlebt. Zum ersten Mal lernte ich, mein Schweigen zu brechen und meine Stimme zu erheben. Das war mir fremd, neu und vor allem auch schambesetzt. Aber als ich es wagte, meine Wut gegenüber einer anderen Kursteilnehmerin, die in einem Rollenspiel meine Grenzen verletzt hatte, auszudrücken, fühlte ich mich nach anfänglicher Scheu enorm befreit. Es hatte mich allen Mut gekostet. Danach hatte ich den Eindruck, dass sie auf einmal Respekt vor mir hatte. Es war in erster Linie eine Energieverschiebung, die mir ein bis dahin unbekanntes Identitätsgefühl verlieh.

In meinen eigenen Seminaren geht es jedoch nie darum, Wut an anderen auszuagieren, sondern sie in inneren Prozessen auszudrücken. Das hat eine enorm heilende Wirkung auf das Identitätsgefühl meiner Klienten.

Was (Innere) Kinder brauchen

(Innere) Kinder brauchen es gesehen und an die Hand genommen werden. Sie suchen liebevolle Zuwendung, Geborgenheit, Umarmungen, Nähe, Liebe, Vertrauen und Wertschätzung genauso wie Freude, Schutz, Sicherheit, Aufmerksamkeit, Gehör, Befreiung, ein offenes Herz, Verbindung, Zuspruch von Mut, Anschluss, Unabhängigkeit, Zuneigung und Freiheit. (Innere) Kinder wünschen sich Wärme und Zeit, um plaudern zu können. Sie wollen respektvoll behandelt und vom Erwachsenen-Ich unterstützt und gehalten werden.

Das Innere Kind ist nichts anderes als das Kind, das wir einstmals waren. Wir brauchen nur die Augen zu schließen und uns an bestimmte Momente der Kindheit zu erinnern. Schon sehen wir uns als Kind. Und genau dieses Kind, das sich dann in einem Erinnerungsbild zeigt, ist heute unser Inneres Kind. Solange wir leben, hofft es darauf, endlich von uns gesehen und in seinen Bedürfnissen wahrgenommen zu werden, falls das früher nicht in ausreichendem Maße bei den Eltern passiert ist. Die Erlösung kann nur vom Erwachsenen-Ich kommen.

Auch Therapeuten stehen oft hilflos vor der Frage, wie sie dem Klienten geben können, was ihm in der Kindheit fehlte. Tatsächlich ist es als Therapeut nicht unsere Aufgabe, diese Lücke zu schließen. Im Gegenteil. Es könnte sogar zu komplizierten Verstrickungen und Abhängigkeiten aufseiten der Klienten kommen, wenn der Therapeut auf einmal in eine Elternrolle schlüpfen würde. Und das käme derselben Abhängigkeit nahe wie damals in der Kindheit.

Sinn der Inneren-Kind-Arbeit ist nach meinem Verständnis, dass wir uns als Erwachsene damit komplett unabhängig machen können von jedweder äußeren Fürsorge. Nicht dass es nicht auch schön wäre, zwischendurch von unseren Liebsten und nächsten Bezugspersonen versorgt und geliebt zu werden. Aber hier geht es eher um eine Abhängigkeit, die Probleme erzeugt.

Mein Anliegen ist es daher, dir zu vermitteln, wie du selbst lernen kannst, gegenüber deinem Inneren Kind eine liebevolle Mutter- und/oder Vaterrolle, je nach Bedarf, einzunehmen. Damit wirst du frei von jedweder Abhängigkeit. Und dein Inneres Kind kann endlich Hoffnung schöpfen, in Zukunft verlässlich wahrgenommen und versorgt zu werden. Durch mehr Zufriedenheit bekommen wir eine andere Ausstrahlung und ziehen damit unbewusst auch andere Menschen an, die uns sehen und wahrnehmen.

Dreißig Jahre Therapieerfahrung sind Zeugnis davon, dass das ein sehr wirksamer Weg ist, wie wir die Wunden der Kindheit heilen können. Wir dürfen nicht *über* das Kind sprechen. Nein, das haben die Eltern bereits erfolglos gemacht! Wir müssen *mit* dem Kind sprechen, damit sich etwas in unserem Leben verändern kann. Wenn wir das begreifen, dann wird der Buchtitel von Ben Furman wahr: »Es ist nie zu spät, eine glückliche Kindheit zu haben«. Wir können dem Kind in uns heute alles geben, was es früher entbehren musste. Und niemand weiß besser, was dieses Kind braucht, als wir selbst. Auf diese Weise wird unser Leben unendlich viel leichter, entspannter und runder.

Wir brauchen nicht mehr unsere Partner und Partnerinnen damit zu belasten, indem wir erwarten, von ihnen die fehlende Liebe zu bekommen, die uns die Eltern zu wenig geschenkt haben. Nein! Wir brauchen nur im eigenen Inneren Kontakt mit unserem Inneren Kind aufzunehmen. Dazu gibt es wieder eine kleine Übung.

Übung: Kontakt vom Ich zum Inneren Kind

Dafür empfehle ich dir, dich an einen ruhigen sicheren Ort zu setzen und die Augen zu schließen. Dann nehmen wir uns einen Moment Zeit, die Aufmerksamkeit auf unseren Körper zu lenken und den Körper zu spüren. Ohne zu bewerten, ein Körperbewusstsein entwickeln. Wenn du möchtest, kannst du auch deinen eigenen Atem eine Zeit lang dabei beobachten, wie er ein- und ausströmt. Beobachte ihn so lange, bis er selbst seinen eigenen Rhythmus gefunden hat. Dann bist du in deiner Mitte angekommen. Dieser Zustand stellt sich nur ein, wenn du dich sicher fühlst.

Wenn du so weit bist, dann lade ich dich ein, dir tief im eigenen Inneren zu sagen: »Ich will jetzt einmal mein Inneres Kind sehen.« Bleib dabei ganz gelassen. Das Kind wird sich zeigen, wenn es erlebt, dass du neugierig auf es bist.

Solltest du dein Inneres Kind genauso verurteilen, wie das früher deine Eltern getan haben, dann könnte es passieren, dass dein Inneres Kind in einer Habachtstellung bleibt. Du könntest es fragen, was es von dir braucht, damit es sich zeigt.

Und dann kommt der spannende Augenblick. Wenn du jetzt dein Inneres Kind im inneren Bild sehen kannst, dann lass dich einfach von diesem jungen Leben berühren. Du kannst dich auf das Kind zubewegen, zu ihm hingehen und in Kontakt mit ihm treten. Und wenn du jetzt mit dem Kind wirklich Kontakt haben möchtest, dann musst du dich fragen, ob du ganz in deiner Mitte bist.

Es reicht nicht, als Erwachsener auf das Kind zuzugehen, wie es in vielen Büchern über das Innere Kind geschrieben steht. Denn das heißt noch lange nicht, dass du ein Bewusstsein hast, das frei von Bewertungen ist. Nur aus deiner inneren Mitte heraus macht es Sinn, deinem Inneren Kind mit einer liebevollen Achtsamkeit zu begegnen.

Nur dann wird es dir gelingen, dein Inneres Kind aus seinen Nöten zu befreien. Wann immer du beim Anblick deines Inneren Kindes anfängst, es zu bewerten, ist dein Ich von einer Identifikation besetzt. Oft sind es unbewusste Identifikationen mit den Stimmen der Eltern, die wir während unserer Kindheit gründlich verinnerlicht haben. Oft haben wir deren Sätze so stark aufgesogen, dass wir schließlich dem Irrglauben auf den Leim gehen, zu denken, dass dies unsere eigenen Glaubenssätze wären. Das sind sie aber nicht. Es sind entweder die Glaubenssätze der frühen Bezugspersonen selbst oder die Verrechnungen unserer Erfahrungen mit den Eltern. Wenn wir regelmäßig in unseren Bedürfnissen übersehen wurden, haben uns die Eltern zwar nicht gesagt, dass wir nicht liebenswert seien, aber die fehlende Einstimmung auf unsere Bedürfnisse hat das zur Folge. Die Vernachlässigung eines Kindes führt dazu, dass es glaubt, es sei nicht wichtig oder nicht liebenswert. Deshalb schau, wie sich dein Inneres Kind jetzt, wenn du aus deiner inneren Mitte Kontakt mit ihm in Kontakt trittst, verhält. Du hattest bereits Kontakt zu deinem neugeborenen Inneren Kind. Jetzt zeigt sich möglicherweise ein älteres Kind zwischen drei und sechs Jahren, das andere Bedürfnisse hat als nur gehalten zu werden.

Schau es an. Wie alt ist es ungefähr? Wie sieht es aus? Wie ist es gekleidet? Welche Frisur hat es? Nimm Kontakt zu ihm auf, indem du es ansprichst. Erlaube ihm, seine Gefühle auszudrücken. Wie geht es ihm gerade im Inneren? Frage es, was es jetzt von dir will. Und etwas später frage es, was es wirklich von dir braucht. Lass es in deinem Inneren antworten. Experimentiere in deiner Fantasie damit, ihm zu geben, was es jetzt braucht.

Achte nun auf deinen Körper. Wie reagiert er auf deinen Kontakt zu deinem Inneren Kind? Abschließend kannst du deine Erfahrungen in dein Tagebuch schreiben.

Was kann Innere-Kind-Arbeit bewirken?

Wann immer wir uns mit den frühen Bezugspersonen unserer Kindheit unbewusst identifizieren, sind wir nicht wir selbst, obwohl wir erwachsen zu sein scheinen. Damit verlängern wir die Erlebniswelt des Inneren Kindes. Dies macht sich dann auch im Erwachsenen immer noch durch das vertraute Gefühl, »unwichtig« oder »unliebenswert« zu sein, bemerkbar, so wie in der Kindheit.

In dem Moment, in dem wir uns durch das Erkennen dieser Identifikation davon freimachen und uns disidentifizieren, können wir anfangen, unser Inneres Kind aus der Mitte unseres erwachsenen Bewusstseins, unserem Ich, zu entdecken.

Dialogische Achtsamkeit mit dem Inneren Kind

Das Innere Kind können wir nur wirklich entdecken als das, was es ist, wenn wir ihm neugierig und offen begegnen. Dann wird sich das Innere Kind auch uns selbst gegenüber öffnen und wir können anfangen, im Inneren mit ihm einen Dialog zu führen.

In der Psychosynthese gibt es einen typischen Fragenkatalog, den wir auch in der Teilpersönlichkeiten-Arbeit anwenden. Zentral ist hier, dass du dich deinem Inneren Kind achtsam näherst und ihm folgende Fragen stellst.

- Was willst du?
- Was brauchst du wirklich?
- Wie kannst du mein Leben bereichern?
- Wie kannst du mein Leben einschränken oder behindern?
- Drücke alle deine Gefühle aus.
- Wie geht es dir jetzt gerade tief in dir?

Bei jeder einzelnen Frage solltest du deinem Inneren Kind, so gut es geht, in die Augen schauen und beobachten, wie es reagiert. Es wird dir dann möglicherweise auf unterschiedliche Arten antworten.

Manche Inneren Kinder sprechen und sagen ihre Antworten selbst. Bei anderen Inneren Kindern steigt in dir eine Antwort auf. Bei wieder anderen tritt die Antwort in Form einer Körperempfindung zutage. Wichtig ist, die Antwort nicht zu bewerten, sondern kindgerecht darauf einzugehen.

Das Geheimnis des Kindchenschemas

In der Psychosynthese gibt es nicht nur Innere-Kind-Arbeit, sondern auch die sogenannte Teilpersönlichkeiten-Arbeit, bei der man spontane innere Fantasiefiguren als Darstellung für bestimmte innere Energiekreisläufe imaginiert. Mit diesen Teilpersönlichkeiten lässt sich genauso ein innerer Dialog führen wie mit dem Inneren Kind. Der Unterschied ist, dass Erwachsene oft spontan emotionaler auf ein Kind reagieren als auf einen anderen Erwachsenen. Ich sehe da einen Zusammenhang mit dem von dem Verhaltensforscher Konrad Lorenz 1943 entdeckten Kindchenschema.[36]

Die Proportionen eines kindlichen Gesichtes wecken im Betrachter spontan einen Beschützerinstinkt und ein Fürsorgeverhalten wegen seiner Hilfsbedürftigkeit. Damit wird das Überleben in Mensch- und Tierwelt gesichert.

Genauso wie beim Anblick eines Babys oder Kleinkindes beim Erwachsenen aufgrund des Kindchenschemas der Beschützerinstinkt anspringt und eine Bereitschaft zur Fürsorge für dieses Kind erwacht, gilt das Gleiche auch für die Beziehung zum Inneren Kind. Viele Menschen, die zunächst keine Impathie im Sinne von Stefanie Neubrand, d. h. keine Einfühlung in sich selbst, verspüren, schaffen es, über das Bild des Inneren Kindes Mitgefühl für sich selbst zu entwickeln. Indem sie sich ihrem Inneren Kind zuwenden, entsteht ein Bewusstsein darüber, sich selbst in seelischen Nöten helfen zu können. Dabei geht die Bindungsgestaltung immer vom Kind aus. Um des Überlebens willen tut es alles, um von seinen erwachsenen Bezugspersonen den Schutz und die Fürsorge zu erfahren, die es braucht.

Wenn es in der »Kontaktphase« der frühen Biografie Brüche gibt, kann das zur Folge haben, dass der Erwachsene in seiner Kompetenz, ein »Baby zu versorgen«, verunsichert ist. In dem Maße, wie das Innere Kind den Erwachsenen ermutigt, kann ein seelisches Wachstum der Selbstfürsorge entstehen, das entwicklungstraumatische Belastungen zu überwachsen hilft. Manchmal braucht es dafür auch therapeutische Hilfe.

Aber ich hoffe, dir mit meinem Buch so viel Unterstützung geben zu können, dass du es auch allein schaffst, dich deinem Inneren Kind anzunähern.

Am Beispiel von Markus wird deutlich, dass die Ermutigung zur Selbstfürsorge sogar von innen kommt. Mit meiner Unterstützung gelang es ihm, zu erleben, dass sein Inneres Kind ihm mehr zutraute als er sich selbst. Wenn wir Zweifel an uns selbst hegen, sollten wir uns deshalb fragen: »Bin ich das jetzt selbst? Der- oder diejenige, der/die glaubt, mich meinem Inneren Kind nicht ausreichend zuwenden zu können?«

Oder könnte es sein, dass du gerade unbewusst mit deiner Mutter identifiziert bist (bzw. deinem Mutter-Introjekt), die sich überfordert fühlt mit der Versorgung eines Babys? Denken wir wieder an Alice Miller, die meinte, dass man mit sich selbst so umgeht, wie es die Eltern in der Kindheit mit einem taten. Doch die gute Nachricht ist, dass das nicht so bleiben muss.

Entwickeln wir kein Bewusstsein über diese Zusammenhänge, so setzen wir das Leiden unserer Kindheit fort. Veränderung wird jedoch möglich, wenn wir uns unserer Innensteuerung immer mehr anvertrauen. In der Psychosynthese gibt es nicht nur die Arbeitshypothese, sondern auch die alltägliche therapeutische Erfahrung, dass etwas in uns die Lösung des Problems bereits kennt bzw. etwas in uns weiß, wie es geht.

Um einen Zugang zu unserem verborgenen Wissen zu bekommen, müssen wir lernen, ein Bewusstsein zu entwickeln, das frei von Identifikationen ist. Bereits in der Yogaphilosophie des Patanjali ist die Rede von sogenannten *vrittis.* Das sind Bewusstseinsinhalte im Unterschied zu einem *reinen Bewusstsein,* das frei von Bewusstseinsinhalten ist. Das kannst du dir vorstellen wie einen stillen Beobachter, der aus der Ferne etwas sieht, ohne darin verwickelt zu sein. Man könnte diesen Beobachter auch einen Zeugen nennen, der bezeugt, was im Inneren passiert.

Im Erwachsenen haben die neuronalen Schaltkreise der Kindheit immer zwei Seiten. Einerseits das Erleben des Inneren Kindes, andererseits die Umgangsformen der Mutter oder des Vaters mit dem Kind. Abhängig von der Lebenssituation identifizieren wir uns einmal mit der einen, einmal mit der anderen Seite. In beiden Fällen sind wir in unserem Handlungsspielraum eingeschränkt.

Disidentifikation schafft einen Freiraum, aus dem heraus wir den Umgang mit uns selbst und mit anderen verändern können.

Liebeskummer fängt schon in der Kindheit an

Man braucht morgens nur einmal zu einer Kindertagesstätte zu gehen und sich die täglichen Dramen von Trennungsangst und Schmerz anzuschauen, um zu verstehen, dass Liebeskummer bereits in der Kindheit beginnt.

Ein Baby mit sechs Monaten oder selbst ein Kind von einem Jahr, das um acht Uhr morgens in einer Kita abgegeben und erst nachmittags wieder abgeholt wird, ist verzweifelt, von der Mutter wegzumüssen. Seine Not ist existenziell, weil Kinder erst ab dem zweiten Lebensjahr ein Erinnerungsbild der Mutter abrufen können. Sie fallen daher »in ein Nichts«, wenn die Mutter sie einer fremden Erzieherin übergibt. Dieser Überlebensmodus hilft ihnen, diesen Schmerz zu überstehen, indem sie ihn dissoziieren, das heißt, ihn abspalten.

Erwachsene, die bereits zu früh die Trennung von ihrer Mutter oder ihrer wichtigsten Bindungsperson erlitten haben, erleiden daher einen ganz anderen Schmerz bei der Trennung eines Partners oder einer Partnerin als Menschen, die in der Kindheit die ersten drei Lebensjahre in einem warmen geborgenen Nest aufgewachsen sind.

In dem Moment, in dem wir anfangen, einen inneren Dialog mit unserem Inneren Kind zu führen, kommen wir endlich bei uns selbst an und können diese alten Wunden heilen. Am folgenden Beispiel können wir einen durch den Vater verursachten Liebeskummer der Kindheit mit seinen Folgen für das erwachsene Leben nachvollziehen. Außerdem sehen wir, wie meine Klientin sich daraus befreien konnte.

Meikes Liebeskummer aus der Kindheit

Meine Klientin Meike, Mitte 40, kam nach einem Wochenendseminar bei mir zum Thema »Rituale später Elternliebe – Wege zu mehr Selbstliebe und Autonomie« zu einer Therapiestunde. Plötzlich hatte sie eine Erinnerung an ihren Vater aus der Kindheit. Das implizite Gedächtnis schickte ihr nach einer tiefen Stärkung ihrer emotionalen Ressourcen auf einmal eine Erinnerung, die lange vergraben war.

Das Erinnerungsbild vom Vater stammte aus der Zeit, als sie zwischen drei und fünf Jahre alt war. Er hatte sie auf dem Spielplatz tagsüber an den Schultern geschüttelt. Das Bild sei plötzlich da gewesen, obwohl sie es bisher nicht kannte. Unabhängig von dem biografischen Wahrheitsgehalt hatte es aber eine psychologische Bedeutung, weil es auf jeden Fall symbolisch deutlich machte, wie sehr sie sich an den Vater ausgeliefert fühlte.

Dann kam ein zweites Bild, in dem sie die Familie in zwei Fraktionen erlebte. Meike war die Älteste von vier Geschwistern. Der Vater trat sie mit dem Fuß weg. Sie erzählte: »Wir haben uns als Kinder häufiger auf seine Füße gesetzt. Und er hat mich plötzlich weggestoßen.«

Während sie mir vom Vater berichtete, bestaunte sie den Gegensatz. Als Kind habe sie den Vater sehr angehimmelt und geliebt. Doch sein Tod hätte sie kaum berührt. Irgendwann hätte sich das Blatt gewendet. Da merkte sie, dass sie die Achtung vor dem Vater verloren hatte. In der Therapie erkannte sie einen Zusammenhang mit dem Durchschütteln.

Infolge dieser körperlichen Gewalt durch den Vater waren diese Glaubenssätze in ihr entstanden:

- »Ich darf gar nicht mehr da sein.«
- »Ich bin ein Störfaktor.«
- »Ich bin lästig.«
- »Früher habe ich nichts über mich erzählt. Heute bin ich aggressionsgehemmt.«

Körperlich beschrieb sie, wie ihr Herz raste und das Blut schnell durch ihren Körper gepumpt wurde, während sie an die Bilder ihrer Kindheit dachte. Damals hatte sie schon das Gefühl, dass es besser wäre, gar nicht da zu sein. Ihr Inneres Kind sah sie im inneren Bild: zutiefst erschüttert, schutzlos, verängstigt. Die kleine Meike wusste nicht, was sie tun sollte, weil der Papa sie nicht mehr lieb hatte.

Die erwachsene Meike spürte ein heftiges Brennen im Solarplexus. Wut auf ihren Vater stieg in ihr auf. Da ich in meiner Arbeit gern mit Krafttieren arbeite, lud ich Meike ein, ihr persönliches Krafttier zur Stärkung ihres Ichs an die Seite ihres Inneren Kindes zu stellen. Sie kannte ihr Krafttier bereits aus einem anderen Seminar bei mir.

Exkurs: Krafttiere

Die Idee von den Krafttieren kommt aus dem Schamanismus der Naturvölker. Hier wird davon ausgegangen, dass jeder Mensch einen treuen Verbündeten hat, sein Krafttier. Meines Erachtens fügt sich dieses Konzept gut in die psychologische Landkarte der Psychosynthese ein.

Dort gibt es nämlich die These, dass sich das Unbewusste des Menschen in unterschiedliche Ebenen einteilen lässt. Dazu zählen: *das tiefere Unbewusste, das mittlere Unbewusste und das höhere Unbewusste*. Im tieferen Unbewussten sind zum einen alle Erfahrungen unserer frühen Biografie abgespeichert, die sich unserer Erinnerung entziehen. Andererseits haben wir über das tiefere Unbewusste auch Zugang zu unseren Instinktkräften. Im Schamanismus sind die Krafttiere eine Projektionsfläche für diese Instinktkräfte. Über das Bild eines Krafttieres kann sich der Mensch bewusst mit seinen Instinktkräften, seiner ursprünglichen Natur, verbinden.

In meiner therapeutischen Arbeit in Seminaren leite

ich mit Untermalung von Trommelmusik Imaginationsreisen an, bei denen die Teilnehmer ihr Krafttier finden können. Dazu zählen alle Säugetiere, aber auch Vögel wie Falken und Adler. Durch ein Rollenspiel in Form eines Krafttiertanzes mit Musik wird es jedem Einzelnen möglich, zu erkunden, welche besonderen Kompetenzen das Krafttier hat, die das Ich stärken. Das Spektrum der Ressourcen, die in Krafttieren gebunden sind, ist groß. Es reicht von Mut, Kraft, Entschlossenheit, Stärke, Durchsetzungskraft, Ausdauer, Überblick und Souveränität zu Achtsamkeit, Sensibilität, Klugheit, Mitgefühl, Geduld, Geschicklichkeit, Wendigkeit, Beweglichkeit, Intuition und Weisheit, um nur einige davon zu nennen.

Im Fall von Meike war das Krafttier ein Fuchs, der aufpasste, dass sie ihre Wut kontrollieren konnte. Er unterstützte sie dabei, klar und geschickt zu sein. Mit ihm zusammen konnte sie sich durchsetzen. Außerdem konnte er ihr so soufflieren, dass sie souverän und klug sei.

Dann lud ich sie ein, sich ihren Vater im inneren Bild vorzustellen. An dieser Stelle ging es nicht um den Vater als reale Person, der bereits verstorben war, sondern um ihr verinnerlichtes Bild vom Vater, das Vater-Introjekt, das immer noch in meiner Klientin wirksam war.

Wut als befreiender Selbstausdruck

Aus traumatherapeutischer Sicht ist die Wut die Folge einer nicht vollendeten Kampfhandlung. Deshalb ist es wichtig, diese Energie in einem Schutzraum zu entladen, damit sie nicht den eigenen Körper als retroflektierende Aggression innerlich zerstört.

Am Beispiel von Meike will ich zeigen, wie eine ursprünglich bedrohliche Situation aus der Kindheit, in der das Kind noch zu schwach und unterlegen war, im Erwachsenen immer noch Wut herumirren lässt.

Meikes Vater-Introjekt zeigte sich als jüngerer Mann im Alter von Mitte dreißig. Im inneren Bild guckte er Meike erstaunt an. Sie stand ihm gegenüber und hielt ihr kleines Mädchen beschützend auf dem Arm. Ihr Krafttier, der Fuchs, stand an ihrer rechten Seite.

Als Nächstes lud ich sie ein, ihrem Vater alle ihre Gefühle spontan mitzuteilen, die sie bisher noch zurückgehalten hatte. Daraufhin sprach sie mit geschlossenen Augen, im inneren Blickkontakt zum Vater:

»Papa, ich muss dir jetzt sagen, dass du mich bis in meine Seele verletzt und etwas in mir zerstört hast. Die Situation war so bedrohlich für mich. Ich dachte, die Welt geht unter. Ich bin seitdem ein anderer Mensch. Ich bin tief verunsichert. Ich weiß nicht, wie ich Dinge sagen soll. Ich weiß nicht, wie ich meinen Ärger angemessen ausdrücken kann. Und ich weiß nicht, wie ich dich als meinen Vater noch achten kann. Du bist kein Vorbild mehr für mich! Nein. Das hat mich ganz tief verletzt.«

Ich fragte sie: »Hört er dir zu?«

Sie antwortete, ohne zu zögern: »Ja. Aber mein Vater guckt wie der Politiker, bei dem die Mundwinkel immer so runterhängen, er guckt so gelangweilt, nach dem Motto ›Ja, red du mal!‹ Er wirkt dabei uninteressiert und gleichgültig.«

Ich fragte weiter: »Und fühlst du dich dabei ernst genommen?« Meike sagte sofort: »Nein, gar nicht.«

Ich ermutigte sie: »Dann sag ihm das doch einmal, dass du dich nicht ernst genommen fühlst.«

Meike blickte wieder innerlich auf ihr Vater-Introjekt. »Ich fühle mich nicht akzeptiert als deine Tochter. Ich habe gerade das Gefühl, dass ich für dich nur so ein lästiges Etwas bin. Ich will, dass du mir jetzt zuhörst, was ich dir sagen will.« An mich gewandt, sagte sie: »Ich merke, dass ich meinem Vater gerne vor die Brust trommeln oder ihm einfach mal in den Bauch boxen will, damit er mich wirklich mal spürt.«

Ich bestärkte sie: »Dann gönn dir doch einmal die Fantasie. Und stell dir vor, du traust dich, ihm in deiner Fantasie in den Bauch zu boxen. Er lebt doch schon gar nicht mehr. Er lebt nur noch in dir!«

Meike überlegte und meinte dann: »Ja, das mache ich. Das ist gut.« Sie stand im Raum, mit geschlossenen Augen, und sah ihren Vater in der Fantasie vor sich stehen. Dann ballte sie zwei Fäuste und trommelte dem Vater damit erst auf die Brust. Anschließend boxte sie mit der rechten Faust etwas tiefer in den Bauch und sagte empört zu ihm: »Jetzt hör mich doch endlich mal. Hör mir zu und nimm mich ernst!« Dann wandte sie sich wieder mir zu. »Er ist jetzt genauso groß wie ich. Er ist jetzt auf Augenhöhe. Jetzt ist er da.«

»Und hört er dir jetzt zu?«

Meike antwortete: »Ja, jetzt hört er mir zu. Erst ist er zusammengezuckt. Aber irgendwie ist er aufgewacht. Und er hört mir zu.«

Um sie für diese Energieverschiebung zu sensibilisieren, fragte ich: »Und wie geht es dir jetzt, wenn er dir endlich zuhört?«

Ihre Antwort bestätigte meine Vermutung. Sie sagte: »Ich fühle mich selbstbewusster. Jetzt kann ich auf Augenhöhe erwachsen reagieren.«

»Dann mach das doch.«

Meike schloss wieder die Augen und wandte sich erneut an den Vater. »Du hast mich damals, als ich klein war, so durchgeschüttelt, du hast mich so aus meiner Welt rausgerissen. Du hast mich irrsinnig verletzt und heimatlos gemacht und mein Innerstes zerrüttet, dass ich gar nicht wusste und manchmal heute noch nicht weiß, wie ich sein soll und wer ich bin. Du hast das damals ausgelöst, dass ich meine Wildheit, meine Aktivität, meine Spontaneität und meine Freude verloren habe. Alles habe ich wegpacken müssen, wo ich gar nicht mehr wusste, ob ich das noch haben darf oder ob das jetzt gefährlich geworden ist, so zu sein.

Aber meine Pippi Langstrumpf ist in mir. Mein Inneres Kind ist eine Pippi Langstrumpf. Und das war nicht angesagt. Du wolltest immer, dass ich besonders schlau bin und nur kluge Sachen sage. Spielen war blödsinnig. Es musste immer vernünftig sein. Es gab auch keine Spielsachen, sondern nur nützliche Dinge. Ich bin von dir nicht ernst genommen worden.«

Ich hielt sie im Fluss ihres Selbstausdrucks: »Sag ihm mal, was das für Auswirkungen auf dein Leben hatte.«

»Das hat dazu geführt, dass ich ganz verstummt bin, dass ich unsicher war, dass ich mich versteckt habe, vor allem und jedem, weil ich nicht mehr wusste, wie es richtig geht, was gewünscht ist. Ich bin wie gedeckelt, ich bin nur halb anwesend, ich bin nur halb wach, ich bin nur halb intelligent. Ich bin halb gar nicht da. Ich habe viel von mir … irgendwie verschluckt. Das brennt ganz doll in meinem Bauch. Das Lebendige, das Strahlende, das Freie und das Verrückte. Das wolltet ihr zu Hause nicht haben. Das hat für mich bedeutet, dass ich mich sehr unglücklich fühlte. Ich fühlte mich zu Hause nicht mehr zu meiner Familie zugehörig. Ich war sehr unglücklich und konnte mit niemandem darüber sprechen. Das habe ich mich nicht getraut. Wie in einem Eisblock eingefroren. Gefangen. Eingefroren in Angst. So wie meine Mutter das auch war.«

Meike verschnaufte, blickte kurz zu mir und beschrieb die Szene als Beobachterin: »Mein Vater schaut so vor sich hin. Meine kleine Meike ist im inneren Bild jetzt zwei Jahre alt. Sie steht dicht an mir dran. Sie fühlt sich jetzt sicherer. Der Fuchs, mein Krafttier, sitzt auch hier neben mir. Die kleine Meike will dem Vater einmal die Zunge rausstrecken.

Sie macht es. Richtig frech! Ein freches Weib. Mein Vater reagiert ganz in sich gekehrt, versunken.«

Ihre kleine Meike wollte nun von der erwachsenen Meike weggetragen werden. Sie wollte dem Vater noch öfter die Zunge rausstrecken. Sie machte sich ganz groß und schrie: »Bäh!«, machte Hampelmännchen. Sie sprach spontan mutig an den Vater gerichtet: »Jetzt darf ich wieder frech sein. Und du kannst mir das nicht mehr verbieten!«

Ich erkundigte mich: »Wie ist das für dich, wenn die kleine Meike in Verbindung mit der erwachsenen Meike mutiger wird und wieder frech sein kann?«

»Es kehrt eine Ruhe ein. Ich werde breiter. Ich fühle mich jetzt auch erwachsen. Ich merke, dass ich jetzt gewappnet bin. Ich habe keine Angst mehr, irgendwelche Fragen nicht beantworten zu können. Oder nicht gut genug zu sein. Ich mache jetzt mein Ding und finde das genau richtig.

Im Körper fühlt sich das souverän und autonom an. Erhaben und klug. Wissend. Ich habe eine andere Sicherheit. Ich fühle mich wissender als vorher.«

Meike fühlte sich entlastet. Sie sagte noch: »Mein Kopf fühlt sich frei an.«

In der Figur der Pippi Langstrumpf habe sie immer ihre kindliche Unschuld, ihre Lebendigkeit, ihren Mut, ihre Wildheit und ihre Freiheit gesehen, bis ihr Vater sie getreten und geschüttelt hatte.

Im Abschlussbild erkannte Meike, dass ihr Vater verändert aussah. Zu Beginn des Prozesses war er noch der junge, kraftvolle und überlegene Mann. »Jetzt sieht mein Vater alt aus, in seinen letzten Lebensjahren. Er schaut mich interessiert und auf einmal richtig an. Und er hat keine dunkle, einschüchternde Macht mehr über mich. Meine kleine Meike habe ich jetzt auf dem Arm. Wir sind verbunden und ein Team.«

Am Ende lud ich Meike zu einem Dialog mit ihrer kleinen Meike ein: »Frag deine kleine Meike zum Abschluss einmal, was sie jetzt und in Zukunft von dir braucht.« Meikes Inneres Kind antwortete: »Ich brauche deinen Schutz, damit mich niemand mehr schüttelt oder treten kann. Ich will, dass du ab jetzt auf mich aufpasst, damit ich mich sicher fühlen kann.«

In diesem Prozess von Meike mit ihrem Vater wird deutlich, wie wichtig es ist, die zurückgehaltene Wut im Inneren dem Vater gegenüber auszudrücken. Meine Erfahrung mit dieser Art des Selbstausdrucks zeigt regelmäßig, dass sich die verinnerlichten Eltern im inneren Bild absolut identisch verhalten, wie sie es in der Realität gemacht hätten. Und wir durchleben dieselben Gefühle, wie wir sie aus der Beziehung mit dieser Bezugsperson kennen. Da, wo wir uns den Eltern gegenüber gehemmt fühlten, werden wir das genauso im therapeutischen Prozess erleben. Und diese Hemmung werden wir im Leben auch gegenüber anderen nahen Bezugspersonen und Menschen, zu denen wir in einem Abhängigkeitsverhältnis stehen, an den Tag legen. Da, wo wir hingegen Mut hatten, werden wir diesen auch gegenüber den verinnerlichten Eltern, also den Introjekten, haben.

Der Unterschied heute ist, dass wir nicht mehr das Kind von damals sind, sondern erwachsen. Erwachsensein allein garantiert allerdings noch nicht, dass wir die Kraft haben, uns den Eltern, oder wie hier im Beispiel, dem Vater-Introjekt so mutig entgegenzustellen, wie es meiner Klientin Meike gelungen ist.

Meine Klientin kam zu mir eben genau aus diesem Grund. Nachdem sie sich auf ihrer Ich-Selbst-Achse (= ich bin mit mir in Kontakt / ich habe Mitgefühl für mich = Impathie) durch die Teilnahme an meinem Wochenendseminar[37] gestärkt fühlte, meldete sich noch einmal eine tiefgreifende Verletzung ihrer Kindheit über dieses Erinnerungsbild. Unbewusst rutschte sie noch einmal in die Identifikation mit den Gefühlen der kleinen Meike. Sie war unbewusst noch einmal ausgeliefert an die Ohnmacht gegenüber dem Vater-

Introjekt und fühlte sich dadurch erneut wie gelähmt in der Bewältigung ihres Alltags.

Während unseres therapeutischen Prozesses kam es zur Unterscheidung zwischen ihrem Inneren Kind, dem Vater-Introjekt und ihrem erwachsenen Ich-Bewusstsein. Als erwachsenes Ich sah sie als Beobachterin die verinnerlichte Szene mit ihrem Vater-Introjekt und der kleinen Meike. Indem sie darüber sprach und gleichzeitig ihren Körper mit seinen Symptomen spürte, wurde im Gehirn das neuronale Netzwerk dieser Erfahrung aktiviert. Zunächst geriet sie dadurch emotional in ein Gefühl der Unterlegenheit.

Über ihren Gefühlsausdruck aus dem erwachsenen Ich gegenüber dem Vater konnte sie jedoch alle ihre zurückgehaltenen Gefühle ausdrücken. Die Wut auf den Vater irrte dann nicht mehr in ihr herum, sondern sie konnte sie genau dahin lenken, wo sie hingehörte. Da es sich um einen inneren Prozess handelte, erlebte sie, wie sie zunehmend ihre Kraft zurückgewann und der Vater an Macht über sie verlor.

Ihr Inneres Kind, das vorher in der Isolation war, weil es sich vom Vater im Stich gelassen und verraten fühlte, erlebte, wie Meike für es eintrat. Auf diese Weise entstand eine neue vertrauensvolle Bindung zwischen der kleinen Meike und ihrem erwachsenen Ich. Aus der ursprünglich unsicheren Bindung zwischen Meike als Kind und ihrem Vater bzw. dem Inneren Kind und dem Vater-Introjekt konnte sich jetzt eine sichere Bindung zwischen dem Ich-Bewusstsein von Meike und ihrem Inneren Kind entwickeln. Das war ein bedeutungsvoller Entwicklungsschritt, der die seelische Autonomie meiner Klientin stärkte.

Das Krafttier diente in diesem Prozess als Ressource, als eine Art innerer Helfer, weil Kinder und Tiere sich meistens mögen. Dadurch können eine erste Verbindung und Zutrauen aufseiten des Inneren Kindes entstehen.

Viele Jahre ihres Lebens hatte Meike ihre innere Pippi Langstrumpf selbst unterdrückt, indem sie sich unbewusst mit den Wertmaßstäben und Normen ihres Vaters identifiziert hatte. Das zeigt schön, dass wir über die unbewusste Identifikation mit mächtigen Eltern-Introjekten in unseren kindlichen Gefühlen und unserem Erleben von Ohnmacht, Ausgeliefertsein, Erstarrung und Hilflosigkeit gefangen bleiben.

Der Weg der Heilung besteht in der Disidentifikation von den Eltern-Introjekten sowie in der Disidentifikation von unserem Inneren Kind.

Auf dem Seminar »Rituale später Eltern-Liebe« hat sie erlebt, wie kraftvoll sie sich fühlt, wenn sie von den in einem Rollenspiel kreierten, inneren »idealen Eltern« vollständig in ihrem ganzen Sein bejaht wird.

Das war ein erster wichtiger Schritt, sich von der unbewussten Macht des Vater-Introjekts über ihr Leben zu disidentifizieren und sich wieder mit ihrer natürlichen Lebendigkeit ihrer inneren Pippi Langstrumpf zu verbinden.

Begegnung mit deinem Inneren Kind

Nun hast du schon einiges darüber gelesen, wie hilfreich der Kontakt mit dem eigenen Inneren Kind sein kann. Daher möchte ich dir drei weitere Übungen vorstellen, die dich dabei unterstützen sollen, wie auch du dein Bewusstsein über deine frühe Biografie mit ihren Prägungen durch die Eltern erweitern und mit deinem eigenen Inneren Kind in Verbindung treten kannst. Diese Verbindung, die ich in meiner Arbeit die Ich-Kind-Achse nenne, ist, neben der Befreiung von der Macht der Eltern-Introjekte, der wichtigste Schlüssel zu deiner Selbstliebe. Und damit auch der verborgene Schlüssel zur Erlösung deiner verhinderten Liebesbeziehungen. Auf dass du auf diesem Weg der Inneren-Kind-Psychologie Erfüllung in der Liebe finden mögest.

Übung: Mein Inneres Kind

Als Erstes kannst du dir ein Fotoalbum deiner Kindheit zur Hand nehmen und dir die Fotos seit deiner Geburt bis ca. zur Einschulung anschauen. Dazu empfehle ich dir, dir diese Bilder aus der Haltung eines liebevoll annehmenden Erwachsenen anzuschauen und nicht als Kritiker oder Richter. Sieh dir an, wie du auf diesen Bildern wirkst. Schau, ob du auf diesen Bildern allein bist oder zusammen mit anderen. Und wie wirkst du im Kontakt mit den anderen? Siehst du glücklich aus? Fröhlich, heiter? Lachst du oder weinst du? Bist du wütend?

Wenn es dir gelungen ist, einzutauchen in die Welt deiner Kindheit, dann empfehle ich dir, das Fotoalbum wieder zuzuschlagen und zur Seite zu legen.

Nimm dir einen Moment Zeit, die Augen zu schließen und in dich hineinzulauschen. Wie klingen diese Eindrücke in dir nach? Welche weiteren Assoziationen und Erinnerungsbilder steigen in dir auf?

Welche Gefühle kannst du in dir beobachten? Freude, Trauer, Wut, Mitgefühl ...? Wie reagiert dein Körper auf diese Bilder? Welche Empfindungen kannst du beobachten? Kälte, Wärme, Anspannung, Entspannung, erhöhten Puls, Erregung, flachen oder tiefen Atemfluss ...?

Schau so lange mit dem Auge des Herzens auf deine inneren Regungen, bis du den Impuls in dir wahrnehmen kannst, die Augen wieder öffnen zu wollen.

Schreibe nun in dein Tagebuch, welche Eindrücke du beim Betrachten dieser Bilder gewonnen hast.

Als nächsten Schritt lade ich dich dazu ein, dir Gedanken über die Erwachsenen in deinem Fotoalbum zu machen.

Übung: Die Eltern deiner Kindheit

In welchen Situationen haben dich die Erwachsenen fotografiert? Dann schau dir die Erwachsenen, deine Eltern und Verwandten in deinem Fotoalbum an. Wie wirken sie heute auf dich? Sind sie dir zugewandt? Haben sie einen ernsten oder strengen Blick zu dir? Lächeln sie dich an? Wirken sie auf dich bezogen? Sind sie lebendig und fröhlich oder eher distanziert und steif? Oder halten sie dich auf dem Arm und gucken woanders hin? Wirken sie eher desinteressiert? Sind sie mit etwas anderem beschäftigt?

Sei einfach ein neugierig interessierter Beobachter, der das alles nicht bewertet, sondern erkundet. Wie sind die Beziehungen zwischen diesen Menschen auf den Fotos? Und wie wirkt die Beziehung zwischen dir als Kind und den jeweiligen erwachsenen Bezugspersonen: deinen Eltern, Großeltern, anderen Verwandten, einer Kinderfrau oder einem Kindermädchen, Nachbarn? Wie wirkt die Beziehung zu anderen Kindern? Sei einfach neugierig und betrachte die Fotos unter diesen Aspekten. Lasse sie auf dich wirken und tauche gleichzeitig in die Erinnerung an diese Zeit ein. Beobachte, welches Lebensgefühl in dir aufsteigt, während du die Bilder betrachtest, ohne dich mit den Gefühlen, die hochkommen, zu identifizieren.

Dabei kann dir die Fantasie helfen. Stell dir vor, dass es nicht dein eigenes Fotoalbum ist, sondern das deines besten Freundes oder deiner besten Freundin. Wie würden dich diese Bilder dann berühren? Weiter kannst du dir selbst einige Fragen stellen:

- Was würde ich heute als Erwachsener mit diesem Kind machen, wenn ich es auf diesen Fotos sehe?
- Was täte ich, wenn ich in diese unterschiedlichen Szenen hineintreten könnte?
- Welche spontanen Handlungsimpulse habe ich?
- Was würde ich anders machen als die Mutter und der Vater dieses Kindes?
- Hätte ich Lust, mit ihm zu spielen?
- Oder wenn es noch kleiner ist, wenn es noch ein Baby ist, würde ich es gerne einmal auf den Arm nehmen, es halten, liebkosen, seine Wärme genießen und ihm meine Wärme spenden?
- Würde ich unsere Verbundenheit spüren?
- Frage dich immer wieder: Was würde ich mit meinem Bewusstsein und meinem Erfahrungswissen von heute mit diesem Kind machen?

Schreibe alle Antworten in dein Tagebuch.

Während du so locker durch dieses Album blätterst – das kann ich dir versprechen –, bist du ganz nebenbei schon längst mit deinem Inneren Kind in Kontakt. Komplizierter wird es nicht. Über das Fotoalbum können wir unser implizites Gedächtnis aktivieren. Dabei können unterschwellig auch Gefühle und Ahnungen aufsteigen, die wir nicht kannten. Oder es steigen vielleicht vergessen geglaubte Gefühle erneut auf.

Jetzt geht es um die Frage, wie du diese Bilder betrachtest. Gelingt es dir, als erwachsenes Ich auf deine Kinderfotos zu schauen, das für dieses Kind Mitgefühl entwickeln kann? Oder bist du unbewusst mit den Gefühlen des Kindes identifiziert? Bist du unter Umständen parteiisch mit den Stimmen und Bewertungen der Bezugspersonen, Mutter oder Vater? Bist du ehrlich zu dir selbst, wenn du versuchst, diese Fragen zu beantworten? Schreibe deine Beobachtungen in dein Tagebuch.

Wenn du noch einen Schritt weitergehen und den Kontakt zu deinem Inneren Kind vertiefen willst, dann kannst du folgende Übung ausprobieren.

Übung: Dialog mit dem Inneren Kind

Mache diese Übung unbedingt mit einer Person deines Vertrauens. Sie ersetzt keine Therapie, ist aber ein sinnvoller Versuch, innerlich mehr mit dir selbst in Verbindung zu kommen und dich selbst bewusster wahrnehmen zu lernen.

Was heißt das eigentlich, mit sich selbst in Kontakt zu kommen? In meinem Verständnis geht es darum, mehr Einfühlung in sich selbst zu bekommen.

Schaffe dir einen ruhigen geschützten Rahmen. Mache dein Smartphone aus und stelle sicher, ca. eine halbe Stunde lang nicht gestört zu werden. Setze dich auf einen bequemen Stuhl und schließe deine Augen. Nimm dir nun etwas Zeit, deinen Körper zu spüren. Deine Hände kannst du so ablegen, sei es auf deinem Schoß oder auf deinem Bauch, wie es sich für dich angenehm anfühlt.

Achte jetzt bewusst auf alle Empfindungen wie Wärme oder Kälte, Anspannung oder Entspannung. Und zwar mit einer liebevoll annehmenden Haltung. Entwickle eine feine Achtsamkeit dafür, die kleinsten Regungen wahrzunehmen, ohne etwas zu bewerten. Wir wollen erforschen, was in deinem Körper passiert. Und nichts beurteilen, kritisieren oder infrage stellen. Das erzeugt eine liebevolle Verbindung zu deinem Körper, die wir im Zusammenhang mit deinem Heilungsprozess unterstützen wollen. Wenn du den Eindruck hast, in einem bestimmten Moment mit deinem Körper in gutem Kontakt zu sein, dann löse deine Aufmerksamkeit vom Körper.

Widme jetzt – weiterhin mit geschlossenen Augen – deine Aufmerksamkeit deinen Gefühlen. Denk an deine Partnerschaft. Welche Emotionen steigen in dir auf?

Wenn es angenehme Gefühle sind, dann genieße sie. Lass dich richtig reinfallen in dieses angenehme Gefühl. Beobachte gleichzeitig, wie dein Körper darauf reagiert. Dann lass deinen Körper eine Körperhaltung finden, die wie eine Antwort auf diese wohligen Gefühle ist.

Sollten es schwierige Gefühle sein, die bei dem Gedanken an deine Partnerschaft aufsteigen, dann schau, wie dein Körper darauf reagiert. Und lass dich wieder in eine Körperhaltung hineinfallen, die wie eine Antwort auf dieses Gefühl ist.

Wenn du jetzt in einer bestimmten Körperhaltung bist, spüre diese ganz bewusst. Lass gleichzeitig alle Gefühle aufsteigen. Sobald du dir deiner Körperhaltung und deiner Gefühle bewusst bist, steh langsam auf und stelle dich vor deinen Stuhl. Dafür kannst du die Augen einen Moment lang öffnen.

Schließe sie aber wieder, wenn du sicher stehst, und schau vor deinem geistigen Auge noch einmal auf den Stuhl. Erinnere dich an deine Körperhaltung und an deine Gefühle. Dann sag dir: »Ich will jetzt eine Gestalt sehen, die diese Gefühlsseite von mir in meiner Partnerschaft darstellt.« Fixiere dich dabei nicht darauf, dass es ein Kind sein muss, das sich zeigt, sondern sei offen für die Kreativität deines Unbewussten. Vielleicht ist es ein Kind, vielleicht aber auch eine Frau, ein Mann, eine Fantasiegestalt, ein Tier oder etwas anderes.

Schau dir dieses Wesen aus dem Abstand an. Spüre seine Atmosphäre. Erlaube dem Wesen, alle seine Gefühle auszudrücken, zu zeigen, wie es ihm oder ihr tief drinnen geht.

Wie berührt dich das, dass eine Seite von dir sich in deinem Inneren mit diesen Gefühlen zeigt? Antworte dieser Seite spontan. Nimm Anteil. Teile deine Berührtheit. Dann stelle ihr nacheinander folgende Fragen:

- Was willst du?
- Was brauchst du wirklich?
- Wie kannst du mein Leben einschränken?
- Wie kannst du mein Leben bereichern, wenn du von mir bekommst, was du wirklich brauchst?
- Was brauchst du wirklich von mir innerhalb meiner Partnerschaft?

Dein Übungspartner kann alle Antworten für dich notieren.

Unter Umständen kommt es bei dieser Übung zu Schwierigkeiten. Sollte es dir nicht gelingen, in deinem Inneren mit deinem kleinen Mädchen, deinem kleinen Jungen oder einer anderen Teilpersönlichkeit zu sprechen, gibt es folgende mögliche Ursachen dafür:

- eine unbewusste Identifikation mit deinem Inneren Kind bzw. einer Teilpersönlichkeit
- eine unbewusste Identifikation mit einem Elternteil, den du in der Kindheit kritisch erlebt hast.

Beide Fälle sehen wir uns später noch genauer an. Dein Ich-Bewusstsein hilft dir aber. Es ist eine wichtige Instanz in dir, die unterscheiden kann zwischen deinem Inneren Kind und deinen verinnerlichten Eltern. Das ist eine wichtige Voraussetzung dafür, endlich ganz du selbst werden zu können. Erst dadurch wirst du befähigt, dein Leben zu verändern und eine Partnerschaft auf Augenhöhe zu leben.

Das Innere Kind von Markus

Am Beispiel von Markus – er wurde bereits im Kapitel »Kontakt« erwähnt – möchte ich dir zeigen, wie er es geschafft hat, mit seinem Inneren Kind, dem neugeborenen Markus, in Kontakt zu kommen. Ein solcher Prozess wird mit geschlossenen Augen durchgeführt, um sich ganz auf das innere Erleben von Gefühlen, Körperempfindungen und auf die inneren Bilder konzentrieren zu können.

Erinnern wir uns kurz an seine Geschichte. Markus litt unter großer Einsamkeit und wünschte sich eine feste Partnerschaft. Sein Dilemma beschrieb er so: »Ich habe die Sehnsucht nach Nähe. Und dann wird es mir auch schnell wieder zu viel. Ich verliere mich dann beim anderen.« Bisher war es ihm in 45 Lebensjahren nur einmal gelungen, eine richtige Beziehung aufzubauen. Üblicherweise zogen sich die Frauen nach einer Annäherungsphase, bevor es ernst werden konnte, wieder zurück.

Ich schlug Markus vor, mit geschlossenen Augen in seiner Fantasie in das Krankenhaus seiner Geburt zu gehen. Dort lag der kleine Markus allein auf der Neugeborenenstation. Aus dem Fotoalbum seiner Kindheit kannte er diese Bilder, die er mühelos abrufen konnte.

Ich fragte ihn heiter und für ihn überraschend: »Was hältst du davon, deinen kleinen Markus endlich im Krankenhaus abzuholen?«

Markus sah mich verblüfft an. »Geht denn das?«

»Ja. Stell dir vor, du gehst auf die Station zu deinem kleinen Markus und trittst an sein Bettchen heran.«

Markus antwortete: »Ja, das kann ich mir vorstellen.« Dann schwieg er.

»Wie ist das für dich, jetzt da zu sein?«

Er überlegte einen Moment und spürte dann: »Erstaunlich, aber ich bin traurig.«

»Wo spürst du die Traurigkeit in deinem Körper?«

»Im Brustkorb.« Er zeigte mit den Händen auf seinen Oberkörper.

Ich lud ihn ein, tiefer hineinzuspüren und fragte weiter: »Wie fühlt es sich dort an?«

»Eng.«

»Und wenn dieses Gefühl eine Form hätte, wie sähe es aus?«

»Als Form sehe ich eine dunkle feste Platte, die auf meiner Brust liegt.«

Ich riet ihm: »Frag die Platte mal, wie sie dort hingekommen ist.«

Aber das brauchte Markus nicht zu fragen. Er kannte die Antwort und meinte sofort: »Ich habe die selbst draufgelegt. Sonst würde ich von den Gefühlen überwältigt werden.«

Das war eine interessante Antwort, die mich neugierig machte. »Wie viel Prozent deiner Traurigkeit könntest du denn zulassen?«

»Vielleicht dreißig oder vierzig Prozent.« Er atmete sehr schwer und tief.

»Wäre es hilfreich, weniger von der Traurigkeit zuzulassen?«

Da schien Markus unsicher zu sein. »Vielleicht.«

»Schau doch jetzt noch einmal zu dem Baby. Was macht es gerade, während du an seinem Bettchen stehst?«

Er antwortete: »Es sucht Kontakt zu mir und streckt seine kleinen Händchen nach mir aus.«

»Und wie ist das für dich?«

»Es ist schön, dass jemand Kontakt zu mir sucht. Das

Baby will auf meinen Arm. Ich trau mich aber nicht, es hochzunehmen. Ich habe Angst vor dem Körperkontakt.«

Markus hatte mir erzählt, dass seine Mutter sehr emotional und überlagernd war. Heute spürte er in sich eine Ambivalenz zwischen Sehnsucht nach körperlicher Nähe einerseits und Angst vor Körperkontakt andererseits, aus der Erfahrung der Überlagerung heraus. Da brauchte es eine unparteiische Seite in ihm, das Ich-Bewusstsein, das zwischen den unterschiedlichen Bedürfnissen vermitteln konnte.

Deshalb fragte ich weiter: ›Magst du das Baby einmal fragen: »Wie ist das für dich, wenn ich Angst habe, dich auf den Arm zu nehmen?‹

Markus lenkte seinen Blick nach innen und meinte etwas später: »Das Baby sagt, dass ich keine Angst zu haben brauche. Ich soll es einfach nehmen.«

Dann fragte er mich: »Soll ich das wirklich tun?«

»Frage das Baby selbst, ob du es wirklich tun sollst.«

Kurz darauf meinte er: »Ja, es will, dass ich es tue.«

»Was steht dir denn im Weg, es auf den Arm zu nehmen?«

Markus antwortete zögernd. »Ich habe Angst, etwas falsch zu machen.«

»Kennst du die Angst, etwas falsch zu machen, aus deinem Leben? Oder hatte deine Mutter vielleicht auch Angst, etwas falsch zu machen?«

»Ja, dieses Gefühl begleitete mich meine ganze Kindheit durch. Und meine Mutter fühlte sich mit mir komplett überfordert.«

Seine Antwort überraschte mich nicht. »Dann schau doch mal, ob das Baby auch meint, dass du etwas falsch machen könntest.«

»Es guckt mich an und sagt: ›Nein! Nimm mich auf den Arm!‹«

»Magst du es jetzt einfach einmal ausprobieren, in dem Bewusstsein, dass du es auch wieder ablegen kannst?«

Markus schien eine Weile zu überlegen, bevor er sagte:

»Ja, okay. Ich versuche es jetzt einmal.« In seiner Fantasie nahm er das Baby hoch und hielt die Arme so, als ob er tatsächlich ein Baby auf dem Arm gehabt hätte.

»Wie ist es für das Baby, in deinen Armen zu liegen und gehalten zu werden?«

»Schön! Aber ich bin unruhig.«

An dieser Stelle meldete sich offensichtlich eine alte Erfahrung aus dem impliziten Gedächtnis. Ich habe dazu die Arbeitshypothese, dass Markus wahrscheinlich selbst als Kleinkind erlebt hatte, dass er auf dem Arm seiner frühen Bezugspersonen keine ruhige, sichere Geborgenheit erfahren konnte. Sonst hätte er aller Wahrscheinlichkeit nach nicht diese Unruhe in sich, die er nun spürte, während er das Kind auf dem Arm hielt. Da es aber um die Verbindung zwischen seinem erwachsenen Ich und seinem Inneren Kind ging, unterstützte ich ihn darin, zu überprüfen, ob sein Inneres Kind Vertrauen zu dem erwachsenen Ich von Markus hatte.

»Magst du dir einmal vorstellen, dass du das Baby wärst, das vom erwachsenen Markus gehalten wird?«

»Oh, ja. Ich versuche es einmal, mir das vorzustellen.« Er tauchte in das Gefühl ein und meinte nach einer Weile: »Das ist ganz anders. Das geht ganz leicht. Es ist schön, von Markus auf dem Arm gehalten zu werden.«

Ich beobachtete, wie Markus sich mühelos in die Identifikation mit dem Baby reinfallen lassen konnte. Dann beruhigte und entspannte er sich wieder. Er machte einen tiefen Seufzer. Sein Atemrhythmus wurde langsamer und gleichmäßiger. Damit regulierte sich sein Autonomes Nervensystem wieder.

Als seine Begleiterin ließ ich ihn erleben, wie das Gefühl in ihm strömte, das er als Baby auf Markus' Arm empfand. Ich konnte deutlich wahrnehmen, dass das Baby zu dem erwachsenen Markus Vertrauen hatte. Es kam zur sogenannten Co-Regulation nach Stephen Porges. Das, was sich sonst in Psychotherapien im besten Fall in der Beziehung zwischen dem Therapeuten und seinem Klienten ereignet, wird hier vom Klienten im eigenen Inneren erlebt. Der therapeutische Schutzraum ist dafür hilfreich. Wenn der Klient es dort einmal erlebt hat, kann er oder sie diese Erfahrung später auch allein wieder innerlich abrufen und erneut einen Kontakt zum Inneren Kind herstellen.

Das schenkt dem Klienten eine Erfahrung der Selbstwirksamkeit. Er kann selbst steuern und im Dialog mit dem Inneren Kind herausfinden, was es braucht, um sich wieder beruhigen zu können. Das erwachsene Ich kann dem Inneren Kind geben, was ihm fehlt. Dadurch entsteht eine Verbindung, die wir die Ich-Kind-Achse nennen können. Sie ist Ausdruck der Selbstliebe oder auch der sogenannten Impathie, der Einfühlung in uns, und des Mitgefühls mit uns selbst.

Nachdem Markus die Situation einige Minuten genossen hatte, fragte ich ihn erneut nach dem Gefühl, als Baby auf Markus Arm zu sein.

Er antwortete: »Wenn ich meine Gefühle zulasse, kann ich entspannen.«

»Dann erlaube dir, einen Moment darin zu verweilen, so lange, wie es sich für dich stimmig anfühlt.« Dabei hatte er einen sehr gelösten Gesichtsausdruck.

Nach zwei bis drei Minuten sagte ich: »Dann disidentifiziere dich jetzt von dem Baby und stell dir vor, dass du wieder der erwachsene Markus wirst.«

Markus streckte sich und richtete sich auf.

Nun fragte ich: »Wie findet der kleine Markus das, wenn du deine Gefühle zulässt?«

Seine Antwort kam prompt: »Er findet das gut.«

»Frag ihn mal, was er sich jetzt wünscht, was er jetzt braucht.«

»Er will die Position wechseln.«

Markus legte in seiner Fantasie den Kleinen nun auf die Schulter, war dabei scheu tastend und etwas unsicher.

Er meinte jedoch: »Und gleichzeitig kommt leichte Freude auf. Ein Gefühl, es zusammen zu versuchen. Ich bin nicht allein. Wir bestärken uns gemeinsam.«

»Wie geht es dir jetzt mit deinem Baby?«

Markus spürte still in sich hinein, bevor er antwortete: »Es tut gut, nicht mehr allein zu sein. Gleichzeitig habe ich aber Sorge, dass ich jetzt die Verantwortung trage.«

Das konnte ich nachvollziehen. Seine Mutter hatte sich mit 22 Jahren mit der Verantwortung für ein Baby überfordert gefühlt. Unbewusst rutschte Markus hier in eine Identifikation mit dem Mutter-Introjekt aus dem impliziten Gedächtnis.

Ich fragte ihn: »Wie reagiert der kleine Markus darauf?«

»Der meint, dass das Quatsch ist. Er sagt zu mir: ›Sei einfach so, wie du bist! Wir zeigen uns einander.‹«

»Das ist ja fast wie auf Augenhöhe. Wie wäre es, wenn ihr euch immer in einem Dialog über eure Bedürfnisse abstimmt?«

»Ich denke, gut.« Nach einer kleinen Pause fügte er hinzu: »Am Ende hat die Platte vibriert. Und mein Körper auch. Jetzt bin ich müde. Und ich bin nicht mehr allein.«

Identifikation mit dem Inneren Kind

Mit den hellen Gefühlen unseres Inneren Kindes identifiziert zu sein, zeigt sich in Form von Lebendigkeit, Freude, Leichtigkeit, Glücksgefühlen und Gelingen. Diese Gefühle stellen für unsere Alltagsbewältigung eine Bereicherung dar.

Problematisch wird es, wenn wir uns unbewusst mit den Nöten unseres Inneren Kindes identifizieren. Dann erleben wir entweder ein Überwältigtsein von einem starken Affekt wie Wut oder Trauer, der unsere Steuerungsfähigkeit im Leben einschränken kann. Oder wir erleben uns ohnmächtig, handlungsunfähig, hilflos und ausgeliefert, erstarren vor Angst oder Schreck.

Körperlich sinken wir meistens zusammen. Die Wirbelsäule krümmt sich, die Schultern hängen.

Am Beispiel von Claudia können wir sehen, wie die unbewusste Projektion der Ausgrenzung ihres Stiefvaters auf Stefan als langsam schleichender Prozess sie immer mehr in einen Zustand versetzt hat, der sie verstummen und erstarren ließ. Diese Verfassung hat ihre Beziehung unterwandert und zur Krise beigetragen.

In dem Moment, in dem wir uns dessen bewusst werden, können wir uns entscheiden, aus der Identifikation physisch herauszutreten und wieder eine erwachsene Beobachterposition einzunehmen. Von dort aus ist es uns dann möglich, aus unserem erwachsenen Ich-Bewusstsein mit unserem Inneren Kind im inneren Bild in dialogischer Achtsamkeit in Beziehung zu treten und es zu unterstützen. Der innere Dialog mit dem Inneren Kind ermöglicht es uns, eine unbewusste Bedürfnisebene wahrzunehmen und darauf einzugehen.

Identifikation mit und Disidentifikation von Eltern-Introjekten

Es kann auch vorkommen, dass du nicht mit deinem Inneren Kind, sondern vielmehr mit einem deiner Eltern-Introjekte identifiziert bist, eventuell auch mit einer anderen wichtigen Bezugsperson deiner Kindheit. Wenn er/sie im Umgang mit dir überfordernd war, dann wirst du dein Kind jetzt ebenfalls überfordern. Wenn diese Person kritisch war, kritisierst du dich vielleicht heute auch oft, wenn sie streng war, verurteilst du dich selbst möglicherweise streng. Es scheint primitiv, aber es stimmt, was die Schweizer Autorin Alice Miller sagte, dass wir im Leben so mit uns selbst umgehen, wie die Eltern einst mit uns umgegangen sind. Allerdings nur so lange, bis wir es erkennen. Für das Erkennen biete ich dir weiter unten eine Übung an.

An dieser Stelle will ich unbedingt vorab betonen, dass es nicht darum geht, das Bemühen der Eltern um ihr Kind infrage zu stellen oder zu kritisieren. Denn meine Beobachtungen zeigen, dass die meisten Eltern sich im Rahmen ihrer Möglichkeiten anstrengen, den Kindern auf ihre Weise gerecht zu werden. Dennoch passiert es oft, dass genau dieses Bemühen nicht immer im Einklang mit den Bedürfnissen des Kindes ist. Um nicht die Eltern und ihre Erziehung zu verurteilen, aber trotzdem das Innere Kind nicht länger zu vernachlässigen, unterscheide ich, wie schon ausführlich besprochen, zwischen den realen Eltern, die inzwischen oft schon betagtere Menschen sind oder bereits nicht mehr leben, und den verinnerlichten sogenannten Eltern-Introjekten.

Wichtig ist aber, dass wir uns dessen bewusst werden, falls wir uns, ohne es zu merken, mit einem Eltern-Introjekt identifizieren. Wie bei der Identifikation mit dem Inneren Kind können wir uns davon disidentifizieren, indem wir in die Beobachterposition wechseln. Dadurch kann unser erwachsenes Ich-Bewusstsein in Kontakt mit dem Inneren Kind treten und ergründen, was dieses von uns braucht.

Es gibt viele Menschen, die kein Bewusstsein darüber haben, dass sie eigentlich sehr selten wirklich sie selbst sind, sondern meistens zwischen unterschiedlichen Identifikationen mit dem Innerem Kind oder den Eltern-Introjekten hin- und herpendeln. In einem Moment treibt das Introjekt sie an, z. B. mehr leisten zu müssen. Und im nächsten Moment leidet das Innere Kind unter dieser Überforderung. Um zu erkennen, wann wir womit identifiziert sind, lohnt es sich, die Gefühle in der Identifikation zu spüren und diese in einer Körperhaltung zu verkörpern. Dadurch können wir besser zwischen den verschiedenen Identifikationen unterscheiden.

Eine sehr hilfreiche Übung in dem Zusammenhang ist auch der sogenannte Tagesrückblick.

Übung: Tagesrückblick zur Ich-Stärkung

Zur Stärkung deines Ichs kannst du dich abends, wenn du noch nicht zu müde bist, hinsetzen und im Inneren den Tag Revue passieren lassen. Dabei ist es wichtig, in der Erinnerung vom Abend zum Morgen langsam, Stunde um Stunde, rückwärtszuwandern. Lenke in diesem Fall den Aufmerksamkeitsfokus ganz besonders auf deine Identifikationen mit dem Inneren Kind oder dem Mutter- bzw. Vater-Introjekt.

Stell dir folgende Fragen: »Wann war ich mit Mutter, Vater oder Kind identifiziert? Und wie hat sich das auf die Situation ausgewirkt?«

Am Ende kannst du dir eine kleine Notiz ins Tagebuch machen.

Diese Übung kann dein Ich-Bewusstsein stärken. Und je regelmäßiger du die Übung machst, umso bewusster wirst du dir im Alltag werden, wann du mit deinem Inneren Kind oder deinen Eltern-Introjekten identifiziert bist.

Dieses Bewusstsein ist die Voraussetzung dafür, dich dann davon zu disidentifizieren. Je disidentifizierter wir im Laufe der Zeit von alten Prägungen werden, umso freier wird unser Zugang zu unseren schöpferischen Potenzialen.

Disidentifikation ist der Schlüssel zu unserer wahren Identität. Sie ist die Voraussetzung zur Selbstwerdung. Wir können erst das werden, was wir sind, wenn wir aufhören, jemand anders zu sein. Das ist der Weg zu unserer Bestimmung, der Verwirklichung unseres wahren Selbst.

Wie entsteht unsere Liebesfähigkeit?

Rufen wir uns noch einmal die Aussage der Autorin Alice Miller in Erinnerung, die besagt, dass wir mit uns selbst im Erwachsenenleben so umgehen, wie unsere Eltern und andere wichtige Bezugspersonen es in der Kindheit mit uns getan haben. Diese Aussage beschreibt die Situation von Menschen, die sich ihrer selbst noch nicht bewusst geworden sind. Sie sind oft bei den Eltern aufgewachsen und haben anschließend ihr eigenes Leben nach denselben Prinzipien und Vorbildern aufgebaut. Es gibt aber auch eine andere Variante. Manche Menschen gehen in die Rebellion, indem sie versuchen, das Gegenteil zu machen.

In dem Moment, in dem wir aufwachen und uns bewusst werden, wie die Eltern mit uns umgegangen sind, bekommen wir erst die *Wahlfreiheit*, anders mit uns selbst umzugehen. Doch wie kann dieser andere Umgang aussehen? In dieser Frage kann uns der Kontakt zu unserem Inneren Kind helfen, denn der verborgene Schlüssel zu unserer Erneuerung liegt in der Beziehung zu unserem Inneren Kind.

Jetzt aber langsam, Schritt für Schritt: Als Psychosynthese-Therapeutin und -Trainerin arbeite ich mit meinen Klienten immer in zwei Richtungen. Zum einen schauen wir uns das kreative Potenzial und damit einhergehend Sinn und Bestimmung des jeweiligen Menschen an, zum anderen die biografischen Prägungen. Das sind unsere frühen Erfahrungen mit allen wichtigen Bezugspersonen, mit denen wir unsere Bindungsmuster entwickeln. Wir schauen uns an, wie sie mit uns umgegangen sind und was sie uns vorgelebt haben. Das erforschen wir auf allen Ebenen über:

- Erinnerungsbilder der Kindheit
- Gefühle
- Körperempfindungen und Symptome

An erster Stelle steht hier die Bindung zur Mutter und wie sie uns ihre Liebe und Zuneigung gezeigt hat im Fokus der Aufmerksamkeit, aber auch zu allen anderen Bezugspersonen, die uns in den ersten Jahren der Kindheit versorgt haben. Früher waren das oft eine Oma, Tante oder manchmal eine Kinderfrau. Heute sind es zunehmend auch die Väter, die sich immer stärker für das Wohl ihres Nachwuchses engagieren, oder Tagesmütter und Erzieherinnen in Einrichtungen.

Mutterliebe

Die Mutter hat eine herausragende Stellung, weil das Kind bereits neun Monate in ihrem Mutterleib herangewachsen ist. Es kennt ihre Körpergeräusche und ist mit ihrer Stimme vertraut. Es erkennt sie nach der Geburt sofort an ihrem Geruch. Es kennt ihren Herzschlag und ist zutiefst mit ihr verbunden.

In dieser Zeit konnten wir bereits spüren, ob wir auf dieser Erde willkommen geheißen werden oder nicht. Und ob wir das »richtige« Geschlecht haben oder nicht. Diese beiden elementaren Faktoren finden ihren Ursprung bereits in unseren tiefsten Wurzeln.

Ab dem Zeitpunkt der Geburt ist die Mutter diejenige, die uns idealerweise die Brust gibt und die dafür zuständig ist, hellsichtig und »hellfühlig« zu erahnen, welche Bedürfnisse sich hinter unserem Schreien verbergen. Im besten Fall der Fälle hat sie eine hohe Trefferquote und wir fühlen uns wahrgenommen und entwickeln eine sichere Bindung.

Früher wurde völlig unterschätzt, wie wichtig es ist, am Anfang unseres Lebens in unserem nackten Sein bejaht zu werden und vor allem in Kontakt zu sein. »Kontakt« heißt vor allem gehalten und berührt zu werden, Körperwärme zu erfahren und sich dadurch geborgen und sicher zu fühlen.

Aber oft passiert es, dass die Umstände rund um die Geburt nicht optimal sind. Aus verschiedensten Gründen können Mutter und Kind direkt nach der Entbindung getrennt werden. So entstehen frühe Irritationen und elementare Verunsicherungen, infolge derer sich das Kind ungeliebt fühlt.

Es ist zwar sehr erstaunlich, was wir in frühester Kindheit alles überleben können, ohne scheinbar gravierend belastet zu sein. Doch spätestens in unseren Partnerschaften bricht der Schmerz der Kindheit hervor, wenn wir uns alleingelassen fühlen. Damals musste er dissoziiert, d. h. abgespalten, werden. Früher nannte man das Verdrängung. Aber es ist mehr. Hier geht es für ein Neugeborenes um das nackte Überleben. Und das funktioniert manchmal nur, wenn wir alle Gefühle abschalten und uns tot stellen. Wenn wir uns dann im Erwachsenenalter bereits viel sicherer fühlen als in der Kindheit, passiert es oft, dass wir unsere Partner dafür verantwortlich machen, wenn wir leiden. Als Babys konnten wir nur schreien, aber nicht erklären, was uns Not bereitete. Daher ist es spannend zu beobachten, dass manche Not, deren Wurzel in der Kindheit liegt, erst im Erwachsenenalter benannt werden kann. Aus biologischer Sicht kommt am Anfang unseres Lebens der Mutter die größte Bedeutung für die Entwicklung unserer Beziehungsfähigkeit zu. Auch wenn die Politik in eine andere Richtung steuert, ist die Mutter nicht durch den Vater oder jemand anders zu ersetzen. Nur die Mutter hat die Brust mit der Milch, die dem Kind Nahrung, Liebe und Geborgenheit in einem schenkt. Neun Monate lang ist es in ihrem Mutterleib herangewachsen, kennt ihre Stimme, ihren Herzschlag und ihren Körpergeruch. Das alles zusammen gibt dem Neugeborenen ein Gefühl von Sicherheit, wenn es auf dem Arm der Mutter ist. Und Sicherheit und Liebe sind das, was wir Menschen unbedingt brauchen, um uns entfalten zu können. Ein Säugling, der sich sicher fühlt, hat eine andere Gehirnentwicklung als ein Kind, das unter beängstigenden oder gar lebensbedrohlichen Umständen aufwächst.

Mein Blick auf die menschliche Entwicklung ist ein »Rückblick«. Da ich schwerpunktmäßig mit Erwachsenen arbeite, die in Krisenzeiten zu mir kommen, schauen wir immer, wie sich alles bis zur Krise entwickelt hat. Wenn es dann um die Gefühle geht, die einer Verletzung, Enttäuschung oder Kränkung entspringen können, sinken meine Klienten oft auf dem Stuhl zusammen. Dann frage ich sie: »Wie alt fühlst du dich jetzt in dieser Körperhaltung?« Das Lebensalter bewegt sich üblicherweise, je nach Grad der emotionalen Not und Traumatisierung, zwischen Embryonalalter und sechs bis sieben Jahren. Damit habe ich einen wichtigen Hinweis, dass es sich hier um ein altes Gefühl aus der Kindheit handelt, welches sogar bis in die Zeit unserer vorsprachlichen Entwicklung zurückreichen kann. Spontan tauchen dann in der Regel Bilder aus der Kindheit auf, die den Klienten in Situationen zeigen, in denen er sich meistens allein oder verlassen fühlte. Um sich aus der Not zu befreien, lasse ich meine Klienten in solchen Momenten diese Not leidende Seite als eine Teilpersönlichkeit imaginieren.

Ich sage z. B.: »Stell dir vor, dass diese Seite als eine Teilpersönlichkeit von dir auf dem Stuhl sitzt. Wen oder was siehst du dann?« In der Mehrzahl der Fälle zeigt sich ein Kind, das es jetzt braucht, getröstet zu werden.

Wenn es um Liebeswunden geht, die vor allem bei Treuebruch und Trennung aufbrechen, dann habe ich noch nie erlebt, dass beim Blick auf das Innere Kind und die frühen Liebeserfahrungen im Leben jemals beklagt worden wäre, dass der Vater nicht da gewesen wäre. In der Regel wird der erlittene Mangel an Zuwendung und Präsenz der Mutter zugeordnet. Das wird besonders deutlich, wenn der Vater zu Hause geblieben ist für die Versorgung der Kinder. Dann empfinden in der Regel sowohl die Mutter als auch das inzwischen erwachsene »Kind« – in der Rückschau – den Mangel an mütterlicher Fürsorge.

Exkurs: Der einzigartige Stellenwert der biologischen Mutter

Mir ist es an dieser Stelle ein Bedürfnis, den besonderen Stellenwert der biologischen Mutter einmal herauszustellen.

In der Fachliteratur werden Mutter und Bindungsperson fast immer gleichbedeutend benutzt. Auch die Politik will uns glauben machen, dass es vor allem darauf ankäme, dass das Kind von »jemandem« versorgt würde.

In der frühesten Zeit der Entwicklung scheint es jedoch für ein Neugeborenes äußerst bedrohlich zu sein, wenn die Mutter nicht verfügbar ist, weil sie z. B. selbst nach der Geburt zu schwach ist, sich um das Kind zu kümmern. Oder weil das Kind sich im Krankenhaus einen Virus eingefangen hat und deshalb in eine andernorts gelegene Kinderklinik muss, wo die Mutter nicht dauerhaft bei dem Baby sein kann. Oder wenn das Baby zu früh in eine Krippe kommt.

Es besteht kein Zweifel daran, dass ein Kind das nicht überleben könnte. Aber eben nur überleben. Da sich das Kind noch nicht mitteilen kann und später auch keine Erinnerung daran haben wird, ist es wahrscheinlich, dass es infolge dieser Trennung zwischen Mutter und Kind ein Bindungstrauma entwickeln wird.

Das macht sich in der Regel aber erst im Erwachsenenalter bemerkbar, wenn wir immer wieder – von anderen als völlig unangemessen eingeschätzte Verlustängste – gegenüber dem Partner oder der Partnerin haben.

Ich erinnere mich an einen Mann von 45 Jahren, der als Adoptivkind bei wunderbaren Adoptiveltern aufgewachsen war, wie er selbst sagte. Trotzdem hatte er panische Angst, sich auf Beziehungen einzulassen, weil ihn die Sorge umtrieb, wieder verlassen werden zu können. Seine Adoptiveltern seien absolut zuverlässig für ihn da gewesen. In meinem siebentägigen Intensivseminar spürte er auf einmal einen unendlichen Schmerz darüber, dass seine leibliche Mutter ihn nicht haben wollte. Das war ihm bis zu diesem Moment nicht bewusst. Erst über diesen Schmerz verstand er, warum er eine frühere Freundin, die von ihm überraschend schwanger geworden war, gedrängt hatte, dass sie die Schwangerschaft abbrechen müsse.

Erst in diesem Moment wurde ihm der Zusammenhang klar, dass er seine eigene Erfahrung auf sein Kind übertragen hatte. Er wollte ihm ein solches Schicksal, unerwünscht zu sein, ersparen, ohne zu wissen, ob das wirklich so geworden wäre.

Dann erinnere ich mich an einen anderen Mann von 37 Jahren, der zu mir ins Seminar kam, weil er darunter litt, keine Gefühle wahrnehmen bzw. spüren zu können. Er meinte, dass er die besten Eltern hätte, die er sich vorstellen könnte. Und sie hätten wirklich alles für ihn getan. Doch erst während der Seminarwoche erkundigte er sich bei seiner Mutter, ob es nach seiner Geburt eine Trennung von ihr und ihm gegeben hätte. Und tatsächlich musste er noch vier Wochen nach der Geburt im Krankenhaus bleiben.

Es ist eindrucksvoll zu sehen, dass offensichtlich Trennungen unmittelbar nach der Geburt besonders gravierende Auswirkungen auf unsere Beziehungsfähigkeit und das Erleben von Gefühlen haben und zu einer gewissen inneren seelischen Isolation führen.

Das Hoffnungsvolle ist jedoch auch, dass ein solches gravierendes Bindungstrauma über Innere-Kind-Arbeit geheilt werden kann, da wir über das Fantasiebild des neugeborenen Babys an diese Gefühle im impliziten Gedächtnis drankommen können.

Claudia ihrerseits wusste nichts von einer Trennung unmittelbar nach der Geburt – außer dem Stillen im Vierstundentakt -, aber sie hatte viele Trennungen von der Mutter in den ersten Lebensjahren erlebt. Zweimal war sie selbst länger im Krankenhaus als die Eltern, zumindest während einem der beiden Aufenthalte, ihr nur durch eine Glasscheibe zuwinken durften, weil sie auf einer Quarantänestation lag. Als sie mir das in der Therapie erzählte, spürte sie sofort wieder einen Kloß im Hals.

An dieser Stelle lud ich sie ein, die Augen zu schließen und den Kloß im Hals zu spüren. Gleichzeitig sah sie die Szene in Erinnerungsbildern, in der die kleine vierjährige Claudia allein im Krankenhaus war. Die Mutter stand an der Glasscheibe und Claudia durfte nicht zu ihr. Sie beschrieb, wie sich alles im Körper immer mehr anspannte. Schließlich schossen ihr die Tränen in die Augen. Ich unterstützte sie dabei, es zuzulassen. Wir saßen einen Moment in Stille zusammen. Die ersten Tränen liefen über ihr Gesicht. Dann konnte sie auf einmal in den Schmerz einwilligen und es brach richtig aus ihr heraus. Bisher hatte sie in unseren Therapiestunden keinen Schmerz zulassen können. Aber dieses Mal schon. Sie schluchzte und durchlebte zum ersten Mal bewusst den Schmerz, den sie damals gefühlt hatte, aber abspalten musste. Niemand war ihr im Krankenhaus beigestanden.

Jetzt weinte sie und ich spürte, wie sie auf einmal ganz bei sich ankam. Es ging nicht um ihre Nöte mit Stefan, sondern in diesem Moment waren es ihre eigenen biografischen Wunden, die sie tief in sich vergraben hatte. Allmählich beruhigte sich ihr Weinen und sie machte einen letzten Schluchzer in Verbindung mit einem Seufzer, bis sie wieder zur Ruhe kam. Auf einmal fühlte sie sich ganz eins mit sich selbst.

Exkurs: Wie weinen wirkt

Aus der Forschung ist bekannt, dass das Weinen einen selbstberuhigenden Effekt hat. Dabei gibt es eine Oxytocin-Ausschüttung und das parasympathische System des Autonomen Nervensystems wird aktiviert, das zur Beruhigung beiträgt. Es kommt zu einer Entspannung und über die Tränen findet sogar ein Entgiftungsprozess im Körper statt. Das berichtet Piero Ferrucci in seinem neuesten Buch über Kunst und Wissenschaft in der Psychotherapie.[38]

Vaterliebe

Das Fehlen der Väter in der Kindheit hat eine andere Relevanz. Sie sind aus psychologischer Sicht bzw. archetypischer bedeutsam als Brückenbauer zwischen dem sicheren Nest und der Welt draußen. Ein Kind will die Welt vom Vater erklärt bekommen und Abenteuer mit ihm erleben. Für kleine Jungen soll er der Held sein. Für kleine Mädchen bietet er Schutz vor den Gefahren draußen. Mit den Vätern lernen wir oft Fahrrad fahren und schwimmen. Sie schmeißen uns in die Luft und fangen uns sicher wieder auf.

Ich erinnere mich, wie mein Vater mit mir und meinem Bruder immer wieder Abenteuerausflüge machte. Sei es, dass wir im Phantasieland mit der Wildwasser- oder Achterbahn fuhren oder einen ersten Rundflug mit einem Sportflugzeug machten.

Mütterliche Geborgenheit empfand ich bei meiner Mutter, wenn ich morgens noch mit ihr im Bett kuscheln durfte. Oder Fürsorge bei meiner Großmutter, wenn ich ihr in der Küche beim Kochen zuschaute. Mit welcher Hingabe und Leidenschaft sie den Schnittlauch für das Salatdressing in zwei Millimeter breite Ringe gleichmäßig und schnell schnitt, beeindruckt mich bis heute.

Eine Haltung der Liebe

Alle sehnen wir uns nach der Liebe. Aber kaum jemand vermag zu erklären, wie wir sie finden und wie wir sie vor allem halten können.

In der Literaturepoche der Romantik (1795–1848) vollendet sich die Liebe immer erst im Tod. So endet zumindest jedes romantische Drama. Zu Lebzeiten ist sie verhindert.

Anders in der Puccini-Oper Turandot, in der die Prinzessin Turandot ihre »Anbeter« ermorden lässt, wenn sie nicht ihre Rätsel und damit ihre Bedingungen erfüllen.

Um in Beziehungskonflikten Lösungen herbeizuführen, brauchen wir eine Haltung der Liebe inmitten des Konflikts.[39] Aber wie können wir eine Haltung der Liebe einnehmen, wenn wir uns vom anderen gerade gekränkt, verletzt oder gedemütigt fühlen? Das geht nur über wechselseitigen Respekt vor der eigenen inneren Wirklichkeit der anderen. Damit meine ich, dass wir miteinander lernen müssen, welche Kräfte in uns und im anderen im Konflikt wirken. Dafür braucht es einen Blick in die Kindheit, in der wir bestenfalls gelernt haben, konstruktiv mit Konflikten umzugehen und Lösungen herbeizuführen. Verfügen wir über Kompetenz in diesem Bereich, dann hatten wir in der Regel Eltern, die Mitgefühl mit uns hatten und uns immer noch liebten, selbst wenn etwas Schwieriges passierte.

Ein auf die weiße Tischdecke gekippter Kakao würde z. B. in manchen Familien zu einer mittleren Katastrophe führen. Das Kind würde von Mutter oder Vater angebrüllt und ausgeschimpft und aufs Schlimmste dafür verurteilt, sodass es sich hinterher schuldig oder gar beschämt fühlen würde. Wenn wir so aufwachsen, ist die Wahrscheinlichkeit hoch, dass wir uns in der Folge als Erwachsene immer selbst beschimpfen, wenn uns ein Missgeschick passiert. Und das Kind in uns fühlt sich dann wieder verletzt und schuldig.

Alternativ kann es auch passieren, dass wir die Kritik an uns selbst auf andere projizieren. Das passiert in Partnerschaften sehr oft. Der andere übernimmt dann, ohne dass wir es wirklich merken, die kritische Stimme der Mutter oder des Vaters. Das führt zum Konflikt, weil wir in Wirklichkeit gegen die Verurteilung unserer Mutter oder unseres Vaters kämpfen. Diese Art von Streit ist nicht leicht lösbar, weil die energetische Ladung darin viel höher ist, als das äußere Ereignis es erwarten lassen würde.

Auf der realen Ebene ist lediglich eine Tasse mit Kakao umgekippt worden. Aber innerlich wird eine Katastrophe erlebt.

Erst das Erkennen eines solchen Zusammenhangs gibt uns die Möglichkeit, ein anderes Verhalten an den Tag zu legen. *Eine Haltung der Liebe befähigt uns, im Konflikt die Verbindung zum anderen zu halten und mit dem Auge des Herzens auf das Du zu schauen. Dann kann der Inhalt des Konflikts auf einer sachlichen Ebene geklärt werden.*

Die Lösung kommt von innen

Der verborgene Schlüssel zur Lösung dieses Dilemmas ist die Beziehung zu unserem Inneren Kind. Dazu will ich ein Beispiel aus der Therapie mit Claudia erzählen. Aus dem ersten gemeinsamen Urlaub mit Stefan berichtete sie, dass er sich eines Morgens darüber amüsierte, wie sie sich nach dem Duschen im Badezimmer das Gesicht vor dem Spiegel eincremte. Er nannte das liebevoll die »Bärentatzen-Technik«. Darüber war sie derart empört, dass sie komplett ausflippte und sich von ihm in Grund und Boden verurteilt fühlte.

Als ich sie fragte, ob sie das schon aus der Kindheit kennen würde, sich so schnell verurteilt zu fühlen, fiel ihr sofort ihr Stiefvater ein, der nie ein grünes Blatt an ihr gelassen hatte, sondern einfach alles an ihr verurteilt und sie aufs Übelste beschimpft hatte – und zwar mit Ausdrücken wie »Pissnelke«, »Xanthippe« oder »Mimose«. Wenn sie niesen musste, sagte er gern: »Verreck, du Aas!« Als sie darüber sprach, schossen ihr die Tränen in die Augen und sie fing an, heftig zu weinen, und sank auf dem Stuhl vor mir in sich zusammen.

Ich lud sie ein, sich eine dieser Situationen noch einmal mit geschlossenen Augen im Inneren vorzustellen. Sie sah sich mit ca. zwölf Jahren. Der Stiefvater machte ihr Vorwürfe, warum sie im Wäschekeller die Heizung auf Stufe fünf gestellt hätte. Da ihre Mutter sich wenig um den Haushalt kümmerte, musste sie ihre Wäsche oft selbst waschen. Damit sie auf der Wäscheleine schneller trocknete, stellte sie einfach die Heizung höher. Wenn ihr Stiefvater nach der Arbeit abends nach Hause kam, machte er immer einen Kontrollgang durchs Haus und stellte die Heizung dann wieder kleiner auf zwei. Das kränkte meine Klientin und obendrein war sie in Sorge, dass ihre Kleidung dann am nächsten Morgen für die Schule nicht trocken wären.

Die Mutter meiner Klientin nahm sie in solchen Momenten nicht in Schutz, sondern saß wohl selbst handlungsohnmächtig wie ein Kaninchen vor der Schlange. Sie konnte ihre Tochter vor den Attacken des Stiefvaters nicht schützen.

Während dieser Erzählung regredierte meine Klientin immer mehr in das zwölfjährige Mädchen der Kindheit hinein und saß zusammengekauert vor mir auf dem Stuhl. Das war ihr aber zunächst nicht bewusst. Ich lud sie ein, sich einmal vom Stuhl zu erheben, sich umzudrehen und dann die Augen wieder zu schließen, um zu schauen, wer jetzt auf dem Stuhl saß. Sofort erkannte sie als erwachsene Frau die zwölfjährige junge Claudia.

Durch das Aufstehen und den inneren Blick auf den Stuhl fand sie genügend Abstand, um in Ruhe reflektieren zu können. Sie disidentifizierte sich und konnte dadurch erkennen, dass Stefans liebevoll gemeinter Kommentar der »Bärentatzen-Technik« beim Eincremen ihres Gesichtes auf den Knopf der ständigen Kritik ihres Stiefvaters gedrückt hatte.

Aus der erwachsenen Position, die wir in der Tiefenpsychologie einfach das Ich oder Ich-Bewusstsein nennen, war es Claudia möglich, zu erkennen, dass Stefans Kommentar dazu geführt hatte, dass sie sich genauso von ihm verurteilt fühlte, wie früher von ihrem Stiefvater, ohne dass Stefan das so gemeint hatte. Er hatte es nur lustig gefunden zu sehen, wie sie sich mit den Handflächen beider Hände großflächig ihr Gesicht eincremte.

Das innere Erleben von Claudia war aber ein ganz anderes, nämlich Kritik und Infragestellung, infolge derer sie sich immer wieder in ihrem Leben »falsch« fühlte. Als Kind zog sie sich in solchen Momenten in ihr Zimmer zurück. In der Beziehung mit Stefan vollzog sie innerlich einen Kontaktabbruch, weil sie die Spannung kaum aushalten konnte.

In der Traumatherapie nennen wir das Dissoziation. Sie findet statt, wenn die innere Toleranzgrenze der Anspannung im Klienten überschritten wird und eine Selbstregulation in dem Moment nur über den Ausstieg aus dem Kontakt möglich ist.

Tragischerweise drückte das wiederum auf den Knopf von Stefan, wie sich später in einer Einzelstunde mit ihm herausstellte. Er fühlte sich durch Claudias Kontaktabbruch und seelische Unerreichbarkeit in solchen und ähnlichen Momenten immer wieder alleingelassen, wie früher von seiner Mutter. Er kannte es von ihr, dass sie ohne Ankündigung verschwand und er sich im Regen stehen gelassen fühlte. Von Claudia fühlte er sich auf der Ebene seines Gefühls der Verbundenheit verlassen.

An diesem scheinbar banalen Beispiel sehen wir, wie die Prägungen der Kindheit unterschwellig in die Gegenwart zwischen beiden Partnern hineinwirken und Leid in der Liebe erzeugen. Der Ausweg geht über die Bewusstwerdung der eigenen Kindheitssituation und den Aufbau einer aktiven und bewussten Beziehung zum eigenen Inneren Kind.

Nachdem Claudia für sich erkannt hatte, wie sie in die verletzte Zwölfjährige innerlich hineingefallen war, sich unbewusst mit ihr identifiziert hatte, konnte sie aus der Position ihres erwachsenen Ichs mit ihrem Inneren Kind einen direkten Dialog führen. Ich unterstützte Claudia dabei, ihrer Zwölfjährigen einmal zu erlauben auszudrücken, wie sie sich fühlte, wie es ihr mit diesem Stiefvater ging. Ganz erstaunt darüber, dass sich auf einmal jemand für die zwölfjährige Claudia interessierte, schaute diese staunend und zunächst auch noch skeptisch auf. Anfangs weinte das Mädchen noch. Dann guckte sie Claudia im Inneren an. Sie erzählte ihr, wie wütend sie auf diesen Stiefvater ist, der ihr erst ihre Mutter weggenommen hatte und sie dann auch noch ständig kritisierte. Nie konnte sie es ihm recht machen. Immer musste sie auf der Hut sein und aufpassen, wann er seinen nächsten Wutausbruch bekam.

Die Ich-Kind-Beziehung

Dann lud ich Claudia ein, ihr Inneres Kind zu fragen, was es sich jetzt von der erwachsenen Claudia wünschen würde. Da sagte sie: »Verständnis. Und Schutz vor den Attacken des Stiefvaters.« Claudia war so gerührt davon, dass sie auf einmal den Impuls hatte, in ihrer Fantasie auf das Mädchen zuzugehen und es in den Arm zu nehmen. Im Raum machte sie behutsam einen Schritt in Richtung ihres Stuhles und stellte sich vor, das Mädchen in den Arm zu nehmen. Dabei stand sie jetzt in umarmender Geste und sagte spontan zu ihr: »Ab jetzt passe ich auf dich auf. Ich lasse es nicht länger zu, dass du so von deinem Stiefvater kritisiert und entwertet wirst.« In dem Moment machte sie einen tiefen Seufzer der Erleichterung.

Mein Hund, der oft in Therapiestunden dabei ist und schläft, hatte diesen Seufzer schon einen Bruchteil einer Sekunde früher gemacht, als Claudia ihr Inneres Kind in den Arm genommen hatte. Er hatte die Entspannung von Claudias Nervensystem schon einen Moment früher gespürt.

Diese Verbindung des erwachsenen Ichs mit dem Inneren Kind nennen wir in der Psychosynthese nach dem Kölner Modell die Ich-Kind-Achse. Auf diese dargestellte Weise lassen sich alle Konflikte, die der Kindheit entspringen, relativ mühelos klären. Das Innere Kind erfährt plötzlich durch das erwachsene Ich eine Unterstützung, die in der Kindheit fehlte. Dadurch entsteht ein Gefühl von Sicherheit und das Autonome Nervensystem kann alle Anspannung wieder entspannen. Wir nennen das »Selbst-Beelterung«.

Als ich Claudia einlud, aus der Perspektive dieser Verbindung ihres erwachsenen Ichs mit dem Inneren Kind noch einmal auf die Urlaubsszene mit Stefan zu schauen, musste sie lachen. Und es tat ihr leid, ihm deshalb so eine Szene gemacht zu haben. Denn er wusste gar nicht, wie ihm geschah, weil er es gar nicht böse gemeint hatte. Ihre Zwölfjährige fand Stefan nett und freute sich, dass er jetzt in Claudias Leben war.

In der Reflexion über diesen Prozess war Claudia auf einmal sehr betroffen, welche Macht ihr Stiefvater-Introjekt über ihr Leben hatte. Und erst jetzt wurde ihr bewusst, dass er derjenige war, der ihr Selbstbewusstsein immer wieder unterwandert hatte. Sie bemerkte jedoch auch, dass sie über die Verbindung zu ihrem Inneren Kind die Wunden, die durch den Stiefvater entstanden waren, selbst heilen konnte. Das war für sie unglaublich erleichternd.

Die nächste Übung ist eine Einladung an dich, herauszufinden, inwieweit hinter deinen akuten oder sich wiederholenden Beziehungskonflikten das Wirken eines Eltern-Introjekts bzw. eine Prägung deiner Kindheit steckt. Wenn du in einer Partnerschaft lebst, könnt ihr die Übung auch gemeinsam machen und euch anschließend darüber austauschen.

Ziel der Übung ist es, dass du oder ihr frei werdet von negativen Projektionen, die deine/eure Liebe nur belasten, aber mit der Realität heute nichts mehr zu tun haben.

Übung: Entdeckung des Ursprungs im Konflikt

Wenn du jetzt an den letzten Konflikt in deiner Partnerschaft denkst, dann frage dich einmal: »Könnte es sein, dass der Konflikt in meiner Beziehung seine Wurzeln vielleicht auch schon in meiner Kindheit hat?«

Eventuell meint es dein Partner oder deine Partnerin auch gar nicht böse mit dir, sondern du reagierst vielleicht nur so empfindlich, weil eure Wechselwirkungen eine Wunde deiner Kindheit berühren?

Falls dem so ist, kannst du dir, genau wie im Beispiel von Claudia, dein Inneres Kind vergegenwärtigen und einen direkten Dialog mit ihm im Inneren führen.

Dazu lade ich dich ein, dich noch einmal mit geschlossenen Augen an den akuten Konflikt mit deinem Partner zu erinnern. Lass die Situation im Inneren so lebendig werden, als ob gerade alles noch einmal passieren würde. Und versuche gleichzeitig, auch ein erwachsener Beobachter zu sein, der von außen liebevoll auf das Ganze schaut, ohne zu bewerten und zu verurteilen.

Während du jetzt die Konfliktspannung spürst, frage dich einmal: »Kenne ich dieses Gefühl bereits von früher aus meinem Leben?« Falls ja, lasse Erinnerungsbilder dazu aus deiner Kindheit in deinem Inneren aufsteigen.

Wenn du eine Situation deiner Kindheit siehst, in der du dich an eine Bezugsperson ausgeliefert fühltest, kannst du jetzt aktiv Kontakt mit deinem Inneren Kind aufnehmen.

Erlaube ihm zunächst, dem Vater oder der Mutter gegenüber alle Gefühle auszudrücken, die es gerade verspürt.

Wenn alles ausgedrückt ist, frage es, was es jetzt von dir braucht, und versuche, ihm das zu geben. Möglicherweise ist es aber auch nötig, dass du aus deinem erwachsenen Ich heraus den betreffenden Bezugspersonen deine Gefühle für dein Inneres Kind direkt ausdrückst, wie wir es bei Claudia im Brief-Ritual und in Meikes Therapiestunde nachvollziehen konnten. Dann könntest du das jetzt direkt tun. Frage nach, was jetzt stimmig wäre.

Beobachte gleichzeitig, was du in deinem Körper erlebst, wenn du dich auf die Bedürfnisse deines Inneren Kindes einstimmst. Zum Abschluss dieses Prozesses kannst du noch einmal deine Aufmerksamkeit auf die Ausgangslage, den Konflikt in deiner Partnerschaft, lenken. Wie fühlt er sich jetzt, aus der Perspektive deiner Verbundenheit mit deinem Inneren Kind, an? Falls noch etwas offen geblieben ist, frage dein Inneres Kind, was es jetzt noch von dir in der Begegnung mit deinem Partner braucht. Und schaue, ob du ihm das geben kannst.

Irgendwann, wenn sich die Begegnung mit deinem Inneren Kind rund anfühlt, kannst du die Augen wieder öffnen. Dann kannst du aufschreiben, was du erlebt hast. Im Falle der Partnerübung könnt ihr euch jetzt über den Prozess austauschen.

Die Übung »Entdeckung des Ursprungs im Konflikt« lässt sich natürlich auf alle Konflikte mit anderen Menschen im Leben anwenden. Bei heftiger Erregung können wir es potenziell immer für möglich halten, dass der Ursprung in der Kindheit liegt. Im Dialog mit unserem Inneren Kind können wir das herausfinden. Auf diese Weise können wir heute sehr viel schneller Lösungen herbeiführen. Dabei wünsche ich dir gutes Gelingen! Es macht einen Unterschied, ob man *über* andere Menschen spricht oder *mit* ihnen. Der direkte Dialog bringt verlässlich eine Weiterbewegung und dynamisiert den Prozess. Wenn wir nur *über* die Probleme sprechen, verändert sich gar nichts. Das gilt im Inneren gleichermaßen für die Begegnung mit dem Inneren Kind wie auch für den befreienden Gefühlsausdruck gegenüber einem Eltern-Introjekt.

Schlusswort

Bevor ich noch ein paar abschließende Gedanken mit dir teile, lade ich dich zu einer allerletzten Übung ein. Erinnerst du dich an die Imagination ganz zu Beginn, in der es um die Libelle auf der Hand ging? Darauf möchte ich nun noch einmal zurückkommen.

Abschlussübung: Die Libelle auf dem Finger

Nachdem du das Buch gelesen und vielleicht die ein oder andere Übung gemacht hast, lade ich dich ein, noch einmal im inneren Bild nach deiner Libelle auf dem Finger zu schauen. Schließe dafür einen Moment die Augen. Nimm dir etwas Zeit, deinen Atem seinen eigenen Rhythmus finden zu lassen. Und dann sag dir tief innen drin: »Ich will jetzt noch einmal meine Libelle auf dem Finger sehen.« Versuche dabei nicht, das Bild zu erinnern, wie es beim ersten Mal war, sondern sei so offen dafür, wie wenn du auf einem Familientreffen Verwandte wiedersiehst, die du lange nicht gesehen hast. Da wissen wir vorher auch nicht, wie sie aussehen.

So ist das auch mit der Libelle auf dem Finger. Beide können sich im inneren Bild stark verändert haben. Schau, wie sie jetzt aussehen. Was genau hat sich verändert? Wie fühlt sich das jetzt für dich an? Und was sagt das über deine Beziehung zum Thema Selbstliebe und Partnerschaft aus?

Wenn du magst, kannst du im Inneren einen Dialog mit beiden Seiten führen. Und zum Schluss alles aufschreiben und mit deinen ersten Notizen vergleichen.

In der Verliebtheit strebt unsere Seele nach Ganzwerdung, gleichzeitig führt sie uns in all die Verstrickungen und auf die Schicksalswege, die wir im Verlauf des Buches mitverfolgen konnten. Erst die Installation einer Ich-Kind-Achse schenkt uns schließlich die Freiheit, unser Leben aus unserer eigenen inneren Mitte so zu gestalten, dass wir nicht länger alten Mustern ausgeliefert sind, sondern ganz wir selbst werden und gelingende Partnerschaft leben können.

Die verschiedenen Fallbeispiele in *Lieben ohne Leiden* zeigen, wie die unbewusste Identifikation mit den Gefühlen der Kindheit dazu führt, dass unsere Beziehungsfähigkeit im erwachsenen Leben davon beeinträchtigt wird und wir schicksalhaft unsere Kindheit reinszenieren. Entweder verhindern wir Beziehung dadurch komplett oder wir erleben schwierige und schmerzliche Interaktionen. Am Beispiel von Claudia und Stefan konnten wir sehen, dass die Bewusstwerdung über diese biografischen Zusammenhänge und ihre Wechselwirkungen sowie die Selbst-Beelterung ihrer Inneren Kinder dazu führten, mehr Selbstliebe und Selbstbewusstsein zu entwickeln. Auf dieser Basis gelang es ihnen, sich nach einer langen Krise wieder einander anzunähern, sich empathisch in die Nöte des anderen einzufühlen, ihre Partnerschaft vor dem Scheitern zu bewahren und neues Vertrauen aufzubauen.

An dieser Stelle möchte ich mich bei dir bedanken, dass du mir dein Vertrauen geschenkt hast und dich mithilfe der Übungen mit mir gemeinsam auf die Reise in dein Inneres gemacht hast. Ich wünsche dir von Herzen, dass sie dir Erkenntnis und Heilung gebracht haben. Denn wir alle brauchen Liebe, um ein erfülltes Leben führen zu können. Wir wollen sie jeden Tag aufs Neue erfahren und wollen sie auch an andere weitergeben. Grundvoraussetzung dafür ist die Selbstliebe. Indem wir anfangen, uns selbst zu lieben, werden wir rund und ganz. Oft stehen dieser Selbstliebe aber traumatisierende Erlebnisse aus der Kindheit entgegen. Mit diesem Buch will ich dir Mut machen, dass die Wunden der Vergangenheit heilen können, indem wir lernen, uns das selbst zu geben, wobei unsere Eltern aufgrund eigener Verhinderungen aus ihrer Biografie versagt haben. Was uns aber häufig beim Erleben der Liebe im Weg steht, sind die Erfahrungen der Vergangenheit, die unser Gehirn geprägt haben. Heute macht uns unser Gehirn glauben, dass die Welt voller Gefahren und Feinde wäre, vor denen wir uns schützen müssen.

Und bevor der Feind uns noch angreift, gehen wir in eine Verteidigungs- und Kampfhaltung. Das spürt unser Gegenüber auch unbewusst und »schlägt« zurück. Und schon können wir sagen, dass der andere uns angegriffen hat. Die modernen neurobiologischen Forschungen geben Aufschluss darüber.

Doch wir müssen nicht weiter leiden in unserer Liebe. Jetzt, da du dieses Buch gelesen hast, weißt du, dass du dein Leiden beenden kannst. Dreißig Jahre Erfahrung mit Innerer-Kind-Arbeit stimmen mich zuversichtlich, dir Hoffnung machen zu können, dass du dich selbst aus dieser Negativspirale befreien kannst. Ab jetzt kannst du deinen Willen dafür einsetzen, aus deinem erwachten Ich die Aufmerksamkeit auf dein Inneres Kind zu lenken. Du kannst es täglich in einem kleinen inneren Dialog fragen, was es heute von dir braucht. Indem du dir immer bewusster über seine Bedürfnisse wirst, kannst du lernen, dir selbst eine immer bessere »Mutter« und ein immer besserer »Vater« zu werden.

Das ist die Voraussetzung dafür, bei unseren Partnern keine »späte Elternliebe« mehr zu suchen, sondern die Verantwortung für unser Befinden an erster Stelle selbst zu übernehmen. Erst dann können wir einander selbstbestimmt auf Augenhöhe begegnen und unser volles Potenzial miteinander teilen.

Es ist machbar!
Gib deinem Leben eine Perspektive!
Versuche es einfach!

Viel Freude bei der Befreiung deines Liebespotenzials!

Die Früchte deiner Erfahrungen mit meinem Buch darfst du mir gerne schreiben: **liebenohneleiden@birgithaus.de**

Auf meiner Webseite **www.psychosyntheseinstitut.de** findest du mein Seminarangebot, das dir vielfältige Möglichkeiten anbietet, die Inhalte dieses Buches zu vertiefen.

Auf meinem YouTube-Kanal »**Birgit Haus**« findest du einige Interviews mit mir.

Anhang

Mein herzlicher Dank

für die Entstehung dieses Buches geht an erster Stelle an Maria Schlager, meine Lektorin beim Goldegg Verlag, die mich als Referentin auf dem Resilienz-Kongress.de/2022 entdeckt hat. Mein Interviewthema *»Wurzeln heilen und Resilienz stärken – Innere-Kind-Arbeit im Licht der Psychosynthese«* (heute auf meinem YouTube-Kanal) hatte sie inspiriert.

Sie hatte sich in den Kopf gesetzt, ein Buch über die Auswirkungen von Entwicklungstraumata auf Partnerschaft auf den Markt zu bringen, und mich als potenziell geeignete Autorin gefunden. Da lief sie offene Türen bei mir ein, obwohl ich gerade an meinem Buch »Der unerfüllte Kinderwunsch im Spiegel der Seele« schrieb. Denn dieses Thema ist seit dreißig Jahren das Herzstück meiner Arbeit.

Aber damit allein ist es nicht getan. Ohne das Dazutun und die Kompetenzen meiner hervorragenden Lektorin Ulrike Moshammer hätte mein Buch nicht diesen Feinschliff der finalen Struktur bekommen.

Und im Hintergrund meines Schaffens hätte ich auch ohne die besonnene Dagmar Olzog, die schützend die Hand über mein Schaffen hält, nicht durchgehalten. Ihre Erfahrung und Kompetenz als Lektorin haben mich in allen Krisenmomenten, die zum Schreiben eines Buches dazugehören, immer wieder beruhigt und zurück auf meine Spur gebracht, mein Erfahrungswissen aus dreißig Jahren Psychosynthese-Seminartätigkeit in die Welt zu tragen.

Schließlich gilt mein ganz besonderer Dank auch den Protagonisten und Protagonistinnen meines Buches, Menschen aus meinem Therapie- und Seminaralltag. Ohne ihre Geschichten und ihre Offenheit, sie mir anzuvertrauen, hätte dem Buch die Erfahrbarkeit Innerer-Kind-Arbeit gefehlt.

Außerdem möchte ich mich bei allen Männern bedanken, die sich in der Entstehungsphase meines Buches meinen intimen Fragen gestellt haben, weil es mir so wichtig war, auch die männliche Perspektive auf das Thema *Lieben ohne Leiden* mit im Blick zu haben.

Harald Reinhardt danke ich auf besondere Weise dafür, dass er mich als junge Studentin mit seiner Liebe in die Erfahrungswelt der Psychosynthese hineingezogen hat, in der ich meine Bestimmung finden konnte.

Meinem Sohn, der mich unter allen Umständen geduldig erträgt und an mich glaubt, danke ich auch von ganzem Herzen.

Und nicht zuletzt allen Freundinnen und Freunden, die mir interessiert und neugierig zugehört haben, wenn ich mal Gesprächsbedarf hatte, um meine Gedanken zu sortieren.

Mit diesem Buch erfüllt sich mein größter beruflicher Herzenswunsch und daher danke ich auch dem ganzen Goldegg-Verlagsteam, mit Elmar Weixlbaumer an der Spitze, das volles Vertrauen in meine Kompetenzen gesetzt und mir diese Bühne des Lebens geschenkt hat.

Ich verneige mich vor euch allen und sage tief berührt von der Buntheit und Fülle des Leben: *Danke!*

Weiterführende Literatur

Asper, Kathrin, Verlassenheit und Selbstentfremdung. Neue Zugänge zum therapeutischen Verständnis, Deutscher Taschenbuch Verlag, München, 5/1997.

Assagioli, Roberto, Handbuch der Psychosynthese. Grundlagen, Methoden und Techniken, Nawo, Rümlang/Zürich, 4/2004.

Assagioli, Roberto, Psychosynthese und transpersonale Entwicklung, Junfermann Verlag, Paderborn, 1992.

Bauer, Joachim, Warum ich fühle, was du fühlst. Intuitive Kommunikation und das Geheimnis der Spiegelneuronen, Heyne, München, 2006.

Bitter, Wilhelm (Hg.), Einsamkeit in medizinisch-psychologischer, theologischer und soziologischer Sicht. Ein Tagungsbericht, Ernst Klett, Stuttgart, 1967.

Böge, Kerem, Dialogische Achtsamkeit in der Psychosynthese. Mentale Gesundheit als einen Prozess des persönlichen Wachstums begreifen, Universität Leiden, 2016. (Masterarbeit)

Bowlby, John, Bindung als sichere Basis. Grundlagen und Anwendung der Bindungstheorie, Ernst Reinhardt, München, 2014.

Brisch, Karl Heinz, SAFE. Sichere Ausbildung für Eltern, Klett-Cotta, Stuttgart, 11/2022.

Brisch, Karl Heinz, Trauma und Bindung zwischen den Generationen. Vererbte Wunden und Resilienz in Therapie, Beratung und Prävention, Klett Cotta, Stuttgart, 2022.

Buber, Martin, Das dialogische Prinzip, Gütersloher Verlagshaus, Gütersloh, 13/2014.

Cozzolino, Louis, Warum Psychotherapie wirkt. Mit unserem Geist das Gehirn verändern, Arbor, Freiburg 2017.

Dana, Deb, Arbeiten mit der Polyvagal-Theorie. Übungen zur Förderung von Sicherheit und Verbundenheit, G. P. Probst, Lichtenau/Westf., 2022.

Dana, Deb, Die Polyvagal-Theorie in der Therapie. Den Rhythmus der Regulation nutzen, G. P. Probst, Lichtenau/Westf., 2021.

Dana, Deb, Der Vagus-Nerv als innerer Anker. Angst und Panik überwinden, Ruhe und Stärke finden, Kösel-Verlag, München, 2022.

Ferrucci, Piero, Arte e scienza della psicoterapia. La conquista interiore della libertà, Astrolabio, Rom, 2022.

Ferrucci, Piero, Werde was du bist. Selbstverwirklichung durch Psychosynthese, rororo, Reinbek bei Hamburg, 1986.

Fromm, Erich, Die Kunst des Liebens, Ullstein, Berlin, 2005.

Furman, Ben, Es ist nie zu spät, eine glückliche Kindheit zu haben, modernes lernen, Dortmund, 2019.

Graf Dürckheim, Karlfried, Vom doppelten Ursprung des Menschen, Herder, Freiburg, 1989.

Guggisberg Nocelli, Petra, Know, love, transform yourself. Psychosynthesis Books, edited by Petra Guggisberg Nocelli, 2021.

Guggisberg Nocelli, Petra, La vía della Psicosíntesis. Luomo edizioni, Firenze, 2011.

Haus, Birgit, Der unerfüllte Kinderwunsch im Spiegel der Seele – eine tiefe Sehnsucht verstehen, Blockaden lösen und neue Leichtigkeit finden, Kösel, München, 2024.

Haus, Birgit, Resilienz-Stärkung im Spiegel der Psychosynthese am Beispiel Innerer-Kind-Arbeit: Ein Vergleich des Resilienz-Konzeptes mit dem Kölner-Psychosynthese-Modell basierend auf den Fünf Regie-Prinzipien des Begleitens & den Fünf Stufen des Lernens, unisono-institut, Ulm, 2021.

Heller, Laurence, LaPierre, Aline, Entwicklungstrauma heilen. Alte Überlebensstrategien lösen. Selbstregulierung und Beziehungsfähigkeit stärken, Das Neuroaffektive Beziehungsmodell zur Traumaheilung NARM, Kösel, München, 2014.

C.G. Jung, Über Gefühle und den Schatten. Winterthurer Fragestunden. Patmos Verlag, Düsseldorf und Zürich, 1999.

Kast, Verena, Der Schatten in uns. Die subversive Lebenskraft, Patmos, Ostfildern, 2016.

Klees, Katharina, Traumasensible Paartherapie. Mit dem Traum(a)-Haus-Konzept aus der Beziehungskrise, Junfermann, Paderborn, 2018.

Lerch, Melanie, Die frühe Eltern-Kind-Beziehung in Elternratgebern. Relevanz und Analyse der Vermittlung von bindungstheoretischen Konzepten und Erkenntnissen der Eltern-Säuglings-Interaktionsforschung, Dissertation, Freie Universität Berlin, 2015.

Levine, Peter A., Sprache ohne Worte. Wie unser Körper Trauma verarbeitet und uns in die innere Balance zurückführt, Kösel, München, 6/2014.

Levine, Peter A., Frederick, Ann, Trauma-Heilung. Das Erwachen des Tigers. Unsere Fähigkeit, traumatische Erfahrungen zu transformieren, Synthesis, Essen, 1998.

Miller, Alice, Am Anfang war Erziehung, Suhrkamp, Frankfurt am Main, 1980.

Lück, Sabine, Ahnen auf die Couch. Den Generation-Code entschlüsseln und vererbte Wunden heilen. Scorpio Verlag, München, 2021.

Lück, Sabine, Vererbtes Schicksal. Wie wir belastende Familienmuster überwinden und unser wahres Potenzial befreien. Das große Praxisprogramm. Kailash Verlag, München, 2023.

Miller, Alice, Das Drama des begabten Kindes und die Suche nach dem wahren Selbst, Suhrkamp, Frankfurt am Main, 1983.

Neubrand, Stefanie, The missing construct: Impathy – Conceptualization, operationalization, and clinical considerations, Dissertation, Basel, 2021.

Poole Heller, Diane, Tief verbunden. Wie wir alte Bindungsmuster auflösen und dauerhafte Partnerschaften eingehen, Kösel, München, 2020.

Porges, Stephen W., Dana, Deb, Klinische Anwendungen der Polyvagal-Theorie. Ein neues Verständnis des Autonomen Nervensystems und seiner Anwendung in der therapeutischen Praxis, G. P. Probst, Lichtenau/Westf., 2019.

Roth, Gerhard, Strüber, Nicole, Wie das Gehirn die Seele macht, Klett-Cotta, Stuttgart, 2021.

Schimmel, Annemarie, Die läuternde Flamme der Liebe. In: Rumi. Ich bin Wind und du bis Feuer. Leben und Werk des großen Mystikers, Eugen Diederichs, Köln, 1986.

Seiffge-Krenke/Schneider, Norbert F., Familie – nein danke?!, Vandenhoeck & Ruprecht, Göttingen, 2012. S. 40.

Selvam, Raja, Verkörperte Gefühle. Guten Zugang zu seinen Gedanken, Emotionen und Verhaltensweisen finden, Kösel, München, 05/2023.

Stüber, Nicole, Die erste Bindung. Wie Eltern die Entwicklung des kindlichen Gehirns prägen. Klett Cotta, Stuttgart, 2016.

Stut, Eike, Wirksamkeit der Psychosynthese, Dissertation, Carl-von-Ossietzki-Universität, Oldenburg, 2015. http://oops.uni-oldenburg.de/2558/1/stuwir15.pdf

Van der Kolk, Bessel, Das Trauma in dir. Wie der Körper den Schrecken festhält und wie wir heilen können, Ullstein, 2023.

Van der Kolk, Bessel, Verkörperter Schrecken. Traumaspuren in Gehirn, Geist und Körper und wie man sie heilen kann, Probst, Lichtenau 6. Aufl., 2019.

Von Franz, Marie-Louise, Archetypische Dimensionen der Liebe, Daimon Verlag, Einsiedeln, 1994.

Endnoten

1 https://de.wikipedia.org/wiki/Adolf_Portmann.

2 Porges, Stephan W., Dana Deb, Klinische Anwendungen der Polyvagal Theorie. Ein neues Verständnis des Autonomen Nervensystems und seiner Anwendung in der therapeutischen Praxis, G.P. Probst Verlag, Lichtenau/Westf., 2019.

3 Der Schatten als psychologischer Terminus stammt aus der Tiefenpsychologie nach C.G. Jung. Er bezeichnet auf der dunklen Seite alles das, was wir ablehnen und wie wir auf keinen Fall sein wollen. Als »goldenen Schatten« verstehen wir heute das, was wir noch als ungelebtes Potenzial in uns tragen und was gerne über Verliebtheiten und Faszination in unser Leben drängt.

4 Quelle unbekannt

5 Bowlby, John, Bindung als sichere Basis, Grundlagen und Anwendung der Bindungstheorie, Ernst Reinhardt Verlag, München, 2014.

6 Assagioli, Roberto, Handbuch der Psychosynthese. Grundlagen, Methoden und Techniken, Nawo-Verlag, Rümlang/Zürich, 4/2004.

7 Assagioli, Roberto, Handbuch der Psychosynthese. Grundlagen, Methoden und Techniken, Nawo-Verlag, Rümlang/Zürich, 4/2004.

8 Haus, Birgit, Resilienz-Stärkung im Spiegel der Psychosynthese am Beispiel Innerer-Kind-Arbeit: Ein Vergleich des Resilienz-Konzeptes mit dem Kölner Psychosynthese Modell basierend auf den Fünf Regie-Prinzipien des Begleitens & den Fünf Stufen des Lernens, Unisono-Institut-Verlag, Ulm, 2021.

9 Porges, Stephan W., Dana Deb, Klinische Anwendungen der Polyvagal Theorie. Ein neues Verständnis des Autonomen Nervensystems und seiner Anwendung in der therapeutischen Praxis, G.P. Probst Verlag, Lichtenau/Westf., 2019.

10 Neubrand, Stefanie, The missing construct: Impathy – Conceptualization, operationalization, and clinical considerations, Basel, 2021.

11 Seiffge-Krenke / Schneider, Norbert F., Familie – nein danke?!, Vandenhoeck & Ruprecht, Göttingen, 2012. S. 40

12 Porges, S. & Dana, D., Klinische Anwendungen der Polyvagal-Theorie, S. 141.

13 Von Franz, Marie-Louise, Archetypische Dimensionen der Liebe, Daimon Verlag, Einsiedeln, 1994.

14 C.G. Jung, Über Gefühle und den Schatten. Winterthurer Fragestunden. Patmos Verlag, Düsseldorf und Zürich, 1999.

15 Martin Buber Werke, Erster Band: Schriften zur Philosophie, S 97

16 Bauer, Joachim, Warum ich fühle, was du fühlst. Intuitive Kommunikation und das Geheimnis der Spiegelneuronen

17 Porges, Stephen W., Dana, Deb, Klinische Anwendung der Polyvagal Theorie. Ein neues Verständnis des Autonomen Nervensystem und seiner Anwendung in der therapeutischen Praxis. G.P. Probst Verlag, Lichtenau/Westf., 2019.

18 Porges, S. & Dana, D., Klinische Anwendungen der Polyvagal-Theorie, S. 141.

19 Porges, Stephen W., Dana, Deb, Klinische Anwendung der Polyvagal Theorie. Ein neues Verständnis des Autonomen Nervensystem und seiner Anwendung in der therapeutischen Praxis. G.P. Probst Verlag, Lichtenau/Westf., 2019.

20 Bowlby, John, Bindung als sichere Basis, Grundlagen und Anwendung der Bindungstheorie, Ernst Reinhardt Verlag, München, 2014.

21 Van der Kolk, Bessel, Das Trauma in dir. Wie der Körper den Schrecken festhält und wie wir heilen können, Ullstein Verlag, 2023.

22 Porges, Stephen W., Dana, Deb, Klinische Anwendung der Polyvagal Theorie. Ein neues Verständnis des Autonomen Nervensystem und seiner Anwendung in der therapeutischen Praxis. G.P. Probst Verlag, Lichtenau/Westf., 2019.

23 Der Begriff der dialogischen Achtsamkeit wurde von Harald Reinhardt begründet und ist in dieser Studie dokumentiert: Haus, Birgit, Resilienz-Stärkung im Spiegel der Psychosynthese am Beispiel Innerer-Kind-Arbeit: Ein Vergleich des Resilienz-Konzeptes mit dem Kölner Psychosynthese Modell basierend auf den Fünf Regie-Prinzipien des Begleitens & den Fünf Stufen des Lernens, Unisono-Institut-Verlag, Ulm, 2021.

Und auch in Kerem Böge, Dialogische Achtsamkeit in der Psychosynthese. S. Literaturverzeichnis.

24 Graf Dürckheim, Karlfried, Vom doppelten Ursprung des Menschen, Herder, Freiburg, 1989.

25 Selvam, Raja, Verkörperte Gefühle, Kösel-Verlag, München, 2023

26 Frei nach Dostojewki zitiert, der der Auffassung ist, dass es in der menschlichen Entwicklung darum geht, seine Bestimmung zu leben. Das beschreibt er mit den Worten, »so zu werden, wie Gott uns gemeint hat«.

27 Miller, Alice, Am Anfang war Erziehung. Suhrkamp Verlag Frankfurt am Main 1980.

28 Dana, Deb, Der Vagus-Nerv als innerer Anker. Angst und Panik überwinden, Ruhe und Stärke finden, Kösel-Verlag, München, 2022.

29 Heller, Laurence, LaPierre, Aline, Entwicklungstrauma heilen. Alte Überlebensstrategien lösen. Selbstregulierung und Beziehungsfähigkeit stärken. Kösel-Verlag, München, 2014.

30 John Bowlby, Bindung als sichere Basis. Grundlagen und Anwendung der Bindungstheorie. Ernst Reinhardt Verlag, München, 2014.

31 Bowlby, John, Bindung als sichere Basis, Grundlagen und Anwendung der Bindungstheorie, Ernst Reinhardt Verlag, München, 2014.

32 Poole Heller, Diane, Tief verbunden. Wie wir alte Bindungsmuster auflösen und dauerhafte Partnerschaften eingehen, Kösel-Verlag, München, 2020.

33 Cozolino, Louis, Die Neurobiologie menschlicher Beziehungen, VAK Verlags GmbH, Kirchzarten, 2007.

34 In meinen siebentägigen Intensivseminaren gibt es grundsätzlich Phasen, die Raum für gezielten Selbstausdruck bieten.

35 Van der Kolk, Bessel, Verkörperter Schrecken. Traumaspuren in Gehirn, Geist und Körper und wie man sie heilen kann. Probst Verlag, 2019.

36 Informationen zum Kindchen-Schema: https://de.wikipedia.org/wiki/Kindchenschema

37 Rituale später Elternliebe – Wege zu mehr Selbstliebe und Autonomie

38 Ferrucci, Piero, Arte e scienza della psicoterapia. La conquista interiore della libertà, Astrolabio, Rom, 2022.

39 »In guten wie in schlechten Zeiten soll das Band der Liebe halten«, heißt es schon bei jeder Hochzeit.